『和创造世界名牌的人一起放飞梦想』

闪闪发光的三星

shanshan faguang de sanxing

黄晓丽 ◆ 编著

吉林出版集团有限责任公司

图书在版编目（CIP）数据

闪闪发光的三星 / 黄晓丽编著. -- 长春：吉林出版集团有限责任公司，2013.11

（和创造世界名牌的人一起放飞梦想）

ISBN 978-7-5463-6961-7

Ⅰ. ①闪… Ⅱ. ①黄… Ⅲ. ①李秉哲—生平事迹—青年读物②李秉哲—生平事迹—少年读物 Ⅳ. ①K833.126.538-49

中国版本图书馆CIP数据核字（2013）第269123号

闪闪发光的三星
SHANSHAN FAGUANG DE SANXING

编　　著：	黄晓丽
项目负责：	陈　曲
责任编辑：	陈　曲　潘　晶
出　　版：	吉林出版集团股份有限公司
发　　行：	吉林出版集团社科图书有限公司
电　　话：	0431-81629727
印　　刷：	北京一鑫印务有限责任公司
开　　本：	710mm × 960mm　1/16
字　　数：	100千字
印　　张：	12
版　　次：	2014年3月第1版
印　　次：	2019年7月第2次印刷
书　　号：	ISBN 978-7-5463-6961-7
定　　价：	23.80元

如发现印装质量问题，影响阅读，请与出版方联系调换。0431-81629727

序 言
PREFACE

梦想与生命共存 传奇与我们同在

当你拥有这套《和创造世界名牌的人一起放飞梦想》系列丛书并真正读懂它的时候，祝贺你，你已经向成功又迈近了一大步，并可以为自己的人生勾画一张蓝图了。

开卷有益，我们不是猎奇，不是对世界名人和超级品牌的奇闻轶事简单地一声惊叹，而且通过阅读，让我们的视野变得更加开阔，让我们能够更好地认识这个世界，并找到适合自己的成功之路。

这是一套全方位满足你阅读愿望的好书，文字鲜活，引人入胜。这里有商界巨鳄的传奇创业故事，也有他们普通如你我的日常生活，当你随着一行行文字重走他们的人生之路时，你的心一定会在波澜起伏中感到一种快意。或许他们的成功不能复制，但是他们的坚韧、执着、宽容——这些成功的要素，我们可以复制。

通过阅读名人的成长故事，重温名人的创业之路，我们会发现，健全的人格、自由的意志、高远的理想、敢于实践的勇气、高瞻远瞩的见地、坚毅勇敢的性格、理性处世的原则、独立思考的习惯、幽默风趣的表达方式……一个人成功的诸多要素都以具体而形象的方式展现在你的面前。

每个人都有自己的生活轨迹，然而成功之路殊途同归，这一路上你的行囊里必须要装入梦想、希望、宽容和坚韧。

请给自己一个梦想吧！梦想是成功的种子，梦想是希望的支点。从这套书中你会发现，每一个了不起的品牌里都承载了品牌创始人那激越的梦想。是梦想，让他们充满激情，斗志昂扬；是梦想，在困境中带给他们希望，让他们有了坚持下去的勇气；是梦想，激励他们不断向前进！

为梦想不懈地努力吧！从这套书中你会明白，任何人的成功都不会一帆风顺，在鲜花和掌声的背后，有太多不为人知的痛苦。那些创业中的失败、徘徊和挫折，对我们来说更具有启迪的价值。真正的勇敢者，并不是无所畏惧，而是在面对挫折的时候，能及时调整自己，正视艰难困苦，不放弃希望。所谓成功，不过是努力的另一个名字罢了。

伟大的戏剧家莎士比亚曾说："一个最困苦、最卑贱、最为命运所屈辱的人，只要还抱有希望，便无所怨惧。"

生命只有一次，让我们在阅读中汲取无穷的力量吧！《和创造世界名牌的人一起放飞梦想》系列丛书会带你走进一个传奇世界，仔细阅读并把你的梦想付诸实践，你也许会成为下一个传奇。

带上我们的梦想启程，为我们璀璨夺目的人生而奋斗！

目录 Content

前 言 001

第一章 找到通向成功的路 001

  第一节 做个有底线的人 003

  第二节 播种梦想的种子 006

  第三节 选择适合自己的地方 009

  第四节 不认输就等于成功了一半 012

  第五节 想高飞就要远走 016

第二章 把梦想变成现实 021

  第一节 为祖国而奋斗 023

  第二节 命运的玩笑不可笑 027

  第三节 赶走"安逸"这个魔鬼 030

第四节　交学费是值得的　033

第五节　做个打不倒的战士　037

第三章　真正的富人　041

第一节　人生是最大的"道场"　043

第二节　最核心的事情　047

第三节　志当存高远　051

第四节　德行比金钱更有价值　055

第四章　谁是真命天子　059

第一节　不小心成了"太子"　061

第二节　拆解时间的孩子　065

第三节　百变电影少年　069

第五章　长江后浪推前浪　073

第一节　一个字的谜团　075

第二节　质量就是生命　078

第二节　20亿韩元彰显人格　080

第四节　风浪中前行　082

第六章　最善变的总裁　087

第一节　稳中求变　089

第二节　除了妻儿，一切都要变　091

第三节　打破枷锁，才能戴上花环　095

第四节　打好企业的高尔夫球　099

第五节　0.01秒也是差距　102

第七章　成功的法宝　107

第一节　两倍的准备　109

第二节　最好的猎人　112

第三节　无敌的"木鸡"　115

第四节　目标里的智慧　120

第五节　人才的乐园　123

第六节　给你最好的"回头草"　125

第七节　高高搭起"黄金台"　130

第八章　生活是幕反转剧　135

第一节　抓住0.6秒　137

第二节　潜藏的危机　142

第三节　疯狂的制度　146

第四节　问你没商量　151

第五节　重新认识自己　153

第九章　前事不忘，后事之师　157

　　第一节　名誉高于一切　159

　　第二节　创业没有捷径　163

　　第三节　照章办事不是墨守成规　166

第十章　小细节与大成功　169

　　第一节　"第一"与"完美"　171

　　第二节　谁也没有权利让我消失　172

　　第三节　把自己变成"生鱼片"　173

　　第四节　"暴力"管理　175

结　语　177

前 言
Introduction

谁能在破产后迅速重获新生？谁能抓住机遇走向世界？

有一个人做到了，这个人就是"大白鲨"李秉哲——韩国三星集团的创始人。

打开这本书，你会发现成功是一粒信念的种子，在力量、智慧和勤奋的浇灌下，在时代提供的机缘里，它会发芽长大，直至成为参天大树。

月光柔美是因为离我们很近，而星光并不会因为距离遥远而黯淡。夜色撩人，星汉灿烂，三星在商界就是那最耀眼的一颗星。SAMSUNG，在创始人李秉哲的经营下，现在已经成为夜空里最闪亮的风景。

都说树大根深，但没有一株参天大树不是从一粒小小的种子开始成长的。今天的三星已经跻身世界500强，在美国权威杂志《财富》上连续多年榜上有名。作为韩国第一大企业，三星旗下子公司林立，业务涉及电子、金融、机械、化学等众多领域。在国际经济不甚景气的近几年，三星仍旧攀上了事业的

高峰。如果三星创始人李秉哲先生得知他的企业和他的子孙能有今天如此成就，一定会感到欣慰的，因为他比任何人都清楚三星成长的艰辛。

当年李秉哲留学日本，在去日本的船上，他被剥夺了进一等舱的权利，由此他立志要为富国强国努力学习，虽然后来学业被迫中断，但此志未改。从儿时起就不走寻常路的李秉哲，抱着商业救国救民的信念，历经半个世纪的努力，最终建立起一个跨国公司，在国际扬名，为祖国和自己争得了无上光荣。

聚沙成塔，集腋成裘。虽然三星今天令世界瞩目，但在当年起步时，也不过是一个小小的碾米工厂。

米粒的世界能有多大？李秉哲告诉我们——无限大。

1936年，26岁的李秉哲与朋友合开了一家碾米工厂，虽有波折，但很快就初具规模。公司在精明的李秉哲手里发展迅速，一心想做大事的李秉哲并购了一家运输公司，开始涉足运输业。当他雄心勃勃地想扩展公司业务时，却被战争当头浇了一盆冷水。

1937年，刚刚从银行贷款购进一大块土地的李秉哲，受中日战争影响，一夜之间几乎一无所有，让李秉哲发家的米，被无情地碾碎了。但是经过这次碾米厂的成功经营，李秉哲学会了管理，也更坚定了信念，在失去第一桶金以后，李秉哲越发勇敢地奔向了前方。

"创业鬼才"当然不是浪得虚名的。1938年，李秉哲在大邱创办了一家贸易公司，名为三星商会，从此，商界星空多了一颗新星。夜空里看似遥远的星星，寄托了李秉哲的商业梦和救国梦，而抓住机遇、挑战自我，一定"手可摘星辰"。

此后多年，李秉哲做出了一个又一个重大决策，每一次都把三星公司推向了新的高峰。

1987年在他患肺癌罹世之前，三星公司已经被打造成韩国第一大经济实体，为日后三星晋身世界商业集团前十名打下了坚实的基础。

总结几十年的艰辛创业史，李秉哲曾说："创业者谁不想成为第一？但是，如果他的机缘、力量、智慧不足，就不可能成为第一。"

李秉哲率领三星成为韩国第一，他的这句话道出了成功的秘诀：成功=机缘+力量+智慧。

机缘是可遇不可求的，需要敏锐的头脑去捕捉。李秉哲创业以来，从碾米厂、制糖厂、纺织厂，再到化肥厂，每一次都是走在国家需要的最前沿。

1969年他进军国际上炙手可热的电子产业，1972年三星出品的电视机已经销往美国。1983年，年已古稀的李秉哲做出了一个重大决定，在全世界都将步入电子时代之际，李秉哲抓住商机，不顾同仁们的反对，以惊人的魄力把半导体业务定为三星核心业务，而当时只有美国和日本能独立开发半导体。事实胜于雄辩，当年的反对者不得不承认"大白鲨"的霸气，这一决定为三星带来了巨大的利润。

力量是每个英雄的行动基础。

李秉哲身体并不强壮，癌症两次降临在他身上，一次是胃癌，1972年经过手术治愈，另一次就是11年后夺去他生命的肺癌。但是英雄的力量并不一定体现在休魄方面，更体现在精神方面。三星公司成立以来多次面临绝境，但是李秉哲从未退缩。1963年，在李秉哲将千辛万苦开办的化肥厂捐献给国家后，他很快找到新的支点，在电子产业大展拳脚。

"智慧"一词在字典里的解释是对事物能迅速、灵活、正确地理解和解决的能力。在李秉哲辉煌的创业史中，随处可见他的睿智与聪明。李秉哲最具智慧的就是他能充分发挥每个人的力量，集人才于麾下。三星公司被称为"人才学校""人才库"，李秉哲将更多人的智慧凝聚在三星，使三星的效益呈几何速度递增，"人才"不能不说是三星成功的一个法宝。

李秉哲的成功验证了一句话——心有多大，舞台就有多大。在他的理念影响下，他的子孙续写了他的辉煌。当年那个带着土气的乡村少年，凭借敏锐的头脑、顽强的意志、永不言弃的精神，建立起了李氏经济江山。他的儿子李健熙更是接过父亲的旗帜，把三星打造成超一流的企业，在电子产业里甚至超过索尼、成为敢于与"苹果"争锋的一匹黑马。

今天的三星是李秉哲的骄傲，也是韩国的骄傲。商海浮沉犹如月之盈亏，多少跨国公司一夜之间江山变色，而总有一些星星穿透夜空点点闪烁，也许这个世界真的有永恒。永恒来自对信念的坚守与对未来的前瞻，在从无到有的过程中，我们看到的是成功人士的人格魅力。这个世界每天都有奇迹发生，在这片神奇的土地上，你那颗信念的种子种下了吗？

第一章　找到通向成功的路

■ 第一节　做个有底线的人
■ 第二节　播种梦想的种子
■ 第三节　选择适合自己的地方
■ 第四节　不认输就等于成功了一半
■ 第五节　想高飞就要远走

SAMSUNG

第一节 做个有底线的人

> 人受到震动有种种不同：有的是在脊椎骨上，有的是在神经上，有的是在道德感受上，而最强烈的、最持久的则是在个人尊严上。
>
> ——约翰·高而斯华绥

一个人不爱学习没关系，重要的是不能没有底线。

对于李秉哲来说，他的底线就是尊严，而他学习的最初动力也来自于对底线的坚守。

三星创始人李秉哲，于1910年2月12日出生在当时属于日本殖民地的韩国，李秉哲的家乡位于南部庆尚南道宜宁郡，那是一个宁静的小村落，离村子较近的两个城市是晋州和大邱。

他的曾祖父和祖父都是当地有名的乡绅，他们乐善好施，很受人们尊重。富庶的乡村少爷李秉哲自由自在，广袤的田野就是他最好的乐园。李秉哲有一个哥哥和两个姐姐，作为家里最小的孩子他备受宠爱。如果不用去私塾念书，李秉哲就是天底下最幸福的孩子了。

或许是因为太偏僻，整个村子只有一家私塾，而且每天只是重复背书，这让李秉哲感觉太枯燥了，他就像是一匹被拴在马厩的小野马。7岁的李秉哲，一坐在教室里就想着下课和放学，因为私塾里教的是汉字，对于他而言有点难，他也不愿意日复一日地面对古板的老先生。但是他又必须去上学，否则就要面对爸爸那张铁青色的脸。

在一般人眼里，李秉哲是身在福中不知福。他是当地大户人家的孩子，家里大片的良田每年都能收获上万斤的粮食，他吃穿不愁，每天还可以背着书包轻松愉快地去上学。就连老师也对李秉哲另眼相看，因为村里唯一的私塾就是李秉哲的爷爷一手创办的。私塾还是以爷爷的名字命名的，叫文山亭私塾。

李秉哲虽然年纪小，但是他也能明白爷爷和父亲的苦心，他知道爷爷和父亲是不希望封闭的小山村永远这样落后才出资兴办书院的。可是他就是管不住自己，总是人在课堂心不在课堂。

因为家庭条件优越，李秉哲不用像那些穷人家里的孩子一样为家里的生计担忧，他每天除了背书，就是肆无忌惮地玩耍，所以他成了一个孩子王。他每天都和小朋友们想出各种各样的新游戏，一玩就玩到天黑，屁股总是被父亲用藤条打得旧创未愈又添新伤。

但是他渐渐有了改变，因为他发现小朋友的眼睛里多了些鄙夷和幸灾乐祸的目光。

原来私塾先生因为李秉哲祖父的关系总是格外照顾李秉哲，他经常带着恨铁不成钢的语气说：

"李秉哲，你怎么一点儿也不像文山先生的孙子啊？你怎么这么不爱学习啊？"

每当私塾先生这样说的时候，李秉哲就发现同学们都用异样的眼神看着自己，还不怀好意地窃窃私语。那一刻他感觉他不再是平日里的孩子王，而是一个败家子。李秉哲觉得很丢人，他暗暗发誓一定要挽回颜面。

李秉哲决定要以最短的时间来证明自己不是学不会，只是不想学。私塾的课程并不难，小孩子都是从《千字文》开始学起的。李秉哲上课专心听讲，课后认真复习，几个月就把他可能要用一年时间学完的《千字文》学会了，所以他不仅得到了老师的表扬和同学们的钦佩，也为自己争得了尊严。

淘气包也有底线，为了维护自己的尊严，李秉哲不畏惧一切挑战。少年李秉哲在各方面都很要强，他不想做一个弱者被别人耻笑。有时候与同伴玩耍输掉后，他就会找原因，如果同伴耍无赖，他也会据理力争，无论对方比他大多少，他都不会退缩。他对原则的坚持是一般小孩子难以做到的，有时候为了分出对错，他甚至会追到别人的家里。正是因为李秉哲有这样为人处世的原则，他才能在日后树立自己的威严，成为"三星"之王。

第二节　播种梦想的种子

> 一个人可以非常清贫、困顿、低微，但是不可以没有梦想。只要梦想存在一天，就可以改变自己的处境。
>
> ——奥普拉

如果说尊严是做人的底线，让李秉哲不会放任自流，那么梦想就是他前进的动力，让李秉哲找到了人生目标。

因为李秉哲的学习成绩提高了，所以他不再被先生批评了，但是他还是不愿意上学，他总觉得困在小小的教室里太过无聊，觉得外面的世界很大，很神秘。他有一个很大的梦想，那就是能够到全国各地去看看，这个愿望总是让他心里痒痒的。

家里到学校大约有一公里的路程，哥哥不能带着李秉哲的时候，就由家里的仆人接送他。这一天，哥哥有事不能送他，一个经常去集市的仆人送李秉哲去私塾。

"你去过大集市吗？"李秉哲问仆人。

"当然去过，少爷。"仆人回答道。

"集市什么样？"李秉哲继续问，"跟咱们村里的集市一样吗？"

"当然不一样了，大集市比咱们这里的集市热闹上百倍！"仆人说。

仆人给李秉哲描述了大集市的壮观场面。看不见尽头的市街，数不清的人，那里有村子里人都没见过的新鲜玩意儿，总之，村子里的小市场跟那里的大集市相比，就是孩子们的过家家游戏。真希望这条路总也走不完，李秉哲听得津津有味。听仆人说起大集市的热闹劲儿让李秉哲兴奋得想逃学，这个想法一蹦出来，李秉哲就控制不住了，他拼命地央求仆人带他去大集市看看。

"这可万万不行，要是让老爷知道了，不仅要打你，而且我也会跟着遭殃的。"仆人连忙拒绝。

"拜托你了，就带我去吧，我长这么大还没去过大集市。我就去一会儿，看看大集市是不是真的像你说的那样热闹。"李秉哲不停地哀求仆人。

李秉哲不爱学习，可是鬼点子不少，平时跟小朋友玩儿的时候他总是领袖，因为他总能找到一个很好的理由说服他们。今天，在这个成年的仆人面前，李秉哲又施展开了自己的绝技。

他想起爸爸今天早晨说要到大邱去，当晚不回家。他就对仆人说，如果我们早去早回，口径一致，做到天衣无缝，爸爸一定不会发现的。他还说，如果这次仆人不带他去，以后他就自己找机会去。

仆人深知这个小少爷的脾气，绝对是不达目的不罢休的，与其到那时候让老爷发现是他给少爷讲大集市的热闹惹来

的祸并受罚，还不如这次赌一把，或许真能瞒天过海呢。仆人跟李秉哲定了一个口头协议，一是逃学去集市下不为例，二是以后好好读书，不能再有什么乱七八糟的想法。李秉哲看到仆人答应带他去，高兴得什么都答应了。

集市大得超出了李秉哲的想象。平日里没见过的东西牢牢地吸引着他，他什么都看不够，左看看右看看。

天才就在于能发现一般人发现不了的东西，善于总结普遍现象中的规律。一般的男孩儿关心的是他喜欢的玩具和美食，而少年李秉哲不一样。他看着看着，就发现集市上有两种商品卖得特别好，一样是柴火，一样是棉花。他想，一定是冬天要到了，御寒的东西是大家这时候最需要的，所以卖得最好。正是对商品销售特点最准确的理解，李秉哲日后才能在商场屡屡领先。

可能是集市太大，再加上李秉哲第一次来这么热闹的地方，总之，直到太阳落山主仆二人才匆匆往家赶。回家的路上仆人埋怨李秉哲贪玩儿，李秉哲也担心回家后妈妈数落他。

让两个人都没想到的事情发生了——李秉哲的爸爸因为事情办得比较顺利，所以提前回家了。

天黑还不见孩子回家，爸爸急坏了。一看到李秉哲回来，他不由分说，拉过这个不听话的儿子就是一顿狠打。藤条打在李秉哲的身上火辣辣的疼，但是他一点也没后悔，大集市的繁华深深地印在了他的脑海里。

从那时起，这个乡村少年的心就不再属于广袤的田野了。从前那个抽象的游历各地的梦想变得具体起来，这一次的逃学经历激发了李秉哲探索世界的欲望。

梦想的种子远比一次循规蹈矩的课堂学习更重要，播种了梦想，李秉哲对未来有了规划，他决心走出家乡。

第三节　选择适合自己的地方

不满足是向上的车轮。

——鲁迅

李秉哲家境较好，衣食无忧，这让他有机会接触更广阔的的天地。

自从那年第一次看到那个大集市，李秉哲就知道这个世界比自己想象的大很多。他对热闹的集市总是念念不忘，父亲的责罚也不能使他忘记那个人声鼎沸的繁华场面。这也许就是他商业细胞活跃的开始吧，不安分的心驱使着李秉哲走出去。

李秉哲听人们说城里有一些与私塾不同的新式学校，那里不仅读书识字讲故事，还会给学生讲授很多新奇的知识，包括历史和科学，那里还有很多私塾没有的课外活动，他都很感兴趣，希望去见识一下，他向家里提出了到城里新式学校读书的要求。

他先跟比较好说话的母亲商量。母亲不置可否，于是李秉哲拿出了他当年说服仆人带他去集市的劲头，没完没了地哀求母亲，因为他知道比起父亲，母亲这一关是比较好打通的。母亲是一个善良温和的女人，对孩子的合理要求最终都能答应。李秉哲了解母亲的性格，也知道虽然母亲很贤惠，不怎么参与父亲的事情，但是父亲还是很尊重母亲的，所以他经常走"曲线救国"的路线——通过母亲说服父亲。果然，这一次也不例外，母亲最终还是答应帮助李秉哲了。

原本父亲坚决反对李秉哲的要求，他认为李秉哲在乡村都不能好好学习，到了城里难免会更加贪玩儿。

"别看他现在不爱学习，或许到了新学校，他的学习兴趣就被激发出来了。"母亲试着说服父亲。

在母亲的帮助下，父亲同意了李秉哲的要求。这个不安分的男孩儿最终如愿以偿地进入了晋州智水学校读三年级。

李秉哲没有让母亲失望，也没有让父亲的担忧变成现实。新式学校的教学内容非常丰富，神奇的自然科学知识与私塾里佶屈聱牙的方块文字相比，前者更有吸引力，李秉哲终于变成了一个热爱学习的学生。

在合适的环境里，树会按照它本来的意愿顺利生长，人也一样。李秉哲虽然年纪不大，但是他很清楚自己需要的是什么，他对环境做出了自己的选择。

看到李秉哲的变化，父母都很高兴，他们觉得顽皮的孩子终于稳定下来，他们可以松一口气了。

可是没过多久，李秉哲又提出了新的要求——他要去首尔。

原来，期末放假回家，李秉哲想跟哥哥好好聊聊在新式学校的感受，可是他根本没有插嘴的机会，因为哥哥与家人聊的话题是首尔。听了一会儿，李秉哲沉默了，又一个大胆的念头产生了，他觉得首尔才是他的目的地。

他还是采用原来的策略，从母亲那里开始做工作。可惜，这次连他最牢固的同盟军——慈祥的母亲都不肯支持他。善良的母亲无法理解这个儿子，他到底要干什么？为什么总不肯停下来？况且他才13岁，去那么远的地方她可不放心。

李秉哲不能说服母亲，只能向最难攻的山头发起攻势，他直接找到父亲，说明了自己的想法。

"爸爸，我要去首尔读书。"李秉哲有点胆怯，但是直奔主题。

"什么？"爸爸有点不相信自己的耳朵。

"我说我要去首尔读书。"李秉哲更加清晰地说。

"不行，坚决不行。"爸爸想也不想地就拒绝了儿子。

在父亲看来，都是新式学校，晋州的与首尔的根本没什么不同。

"当然不一样。"李秉哲据理力争，他知道如果放弃，就不知道什么时候才能出去了。

"学校的知识只是学习的一部分，其实听到的和见到的都是知识。在晋州和在首尔，所见所闻一定不一样，毕竟首尔是大城市，能学到的东西一定更多。"李秉哲说出了自己的想法。

父亲沉默了，他认真地考虑儿子说的话。他一方面觉得儿子虽然小，但是见识并不短浅，儿子能把学习的本质看得这样透，说明儿子真的对学习有了认识；另一方面，他觉得，反正孩子也是离开家在外面求学，首尔只是在距离上远了一些，其他的都比在晋州好。一般而言，做父亲的和做母亲的对孩子的未来有不同的定位，母亲把平安放在第一位，希望孩子就在身边，而父亲希望孩子能成就一番大事业。李秉哲是幸运的，他有一个温和的母亲，也有一个开通的父亲，他们都很爱他。

李秉哲成功地说服了父亲。13岁的李秉哲终于坐上了去首尔的火车，他带着父亲的期望和母亲的牵挂踏上了路，一个追梦少年开始了对世界的征服。

第四节　不认输就等于成功了一半

只要你不认输，就有机会！

——林肯

在首尔求学的经历打磨了李秉哲的个性。李秉哲虽然已经13岁，可是他的水平只能勉强插入到小学去。他的同学都比他小，同学们鄙夷他的农村样貌，也笑话他浓郁的方音，更看不起与他年龄成反比的学习成绩，这些让李秉哲觉得自己总是矮人一截。大都市孩子们的那种先天优越感，一方面伤害了李秉哲的自尊心，另一方面也成为李秉哲超越自我的巨大动力。

李秉哲有一个不服输的性格，越是在冷眼中越是有进取之心。年少时期私塾先生的批评、穷孩子们恶意的嘲笑似乎重新上演。

当然，还有一样从来没有改变过，那就是他人生的底线——自尊心绝对不能被践踏！

刚进首尔的寿松小学时，同学们眼里的李秉哲满身土气，一口乡音。衣着光鲜、皮肤细腻白皙的城里孩子，毫不掩饰对新同学的嘲笑。尽管在晋州读了半年的新式小学，常年在田野中奔跑的李秉哲还是皮肤黝黑，整洁的衣服也掩盖不了他身体里散发出来的泥土气息，只要他一开口说话同学们就会哄堂大笑。李秉哲从来没受过这样的侮辱，他想反抗，可是一向口齿伶俐的他好像突然丧失了说话的能力，面对同学们的提问他只能沉默却无力回答。

"听说你比我们大好几岁，怎么跟我们一样年级啊？"

"你怎么这么黑呀？"

"你不会说首尔话吗？"

李秉哲打从心里不服气，首尔的孩子怎么关心的都是这些表面的东西？但是说实话，连他自己都觉得，在一群漂亮的大城市孩子中间，自己实在是太难看了。

"看吧，过一段时间就让你们看看我的实力。"李秉哲暗下决心，他希望用自己内在的优秀压倒首尔这些骄傲的同学。

本来李秉哲信心满满，觉得学习是一件很容易的事，他不久就能让大家刮目相看。因为在家乡和晋州只要他想学，他的学习成绩很快就能提高。可是在首尔不一样，同学们一直循序渐进地接受新式教育。虽然大多数同学年纪小，但是他们比李秉哲的起点高，乡下的散漫和自由耽误了李秉哲太多时间。尽管李秉哲经常被老师留下补课，在50名同学中，他的成绩一直徘徊在40名左右，短时间内别说超越同学，就是连中游水平都达不到，他觉得在先进的地方想证明自己太难了。

"如果人生的途程上没有障碍，人还有什么可做的呢？"这是为德国统一事业做出巨大贡献的普鲁士铁血首相——俾斯麦的名言。

现在，李秉哲要做的事情太多了。他要克服新环境带来的不适，要面对同学的冷言冷语，还要面对学习成绩极不理想的痛苦。

当然，成功者之所以成功就在于他们在困难面前从不轻易认输服软，这种坚韧的性格在李秉哲身上也凸现了出来。

宝剑锋从磨砺出，同学们的挖苦和嘲讽变成了一种动力，激发了李秉哲的斗志，他的字典里就没有"认输"这个词。

不服输就赢了一半，接下来就要用自己的行动赢得另一半。

李秉哲听说学校有速成课，这种速成课就是把两年的课程合并到一年完成。当时的小学是四年制，三年级的孩子多是十一二岁，李秉哲的年龄应该读四年级。李秉哲想，如果自己能跳上一级，早点把现在的课程学完，就可以和同龄的孩子在一起念初中，也就不用再遭小同学的白眼了，于是他去和在首尔的哥哥商量。

哥哥当然不同意弟弟的想法，他觉得弟弟的底子太薄，连三年级的好学生都算不上,怎么可能跳级读初中呢?看到哥哥都不相信自己,李秉哲的斗志越发强烈,他下定决心一定要证明自己。

两年的课业合为一年来学,虽然对于基础很差的李秉哲来说很困难,但是付出汗水能换来尊严那就是值得的,李秉哲最不能容忍的就是他人的蔑视。

最终,李秉哲用超强的毅力自修完小学的课程,出人意料地考入了中学,他终于凭借自己的努力与同龄人站在同一起跑线上。正因为有这样不服输的进取精神,李秉哲在未来的路上一直都站在人前。

李秉哲的主动,为他争得了全新的生活,生活也对他这种积极奋进的态度给出了最高奖赏,他一路领先,顺利地考上了大学。

面对困境,我们不能轻易低头。暂时的失意是生活为你准备的礼物,拆掉它厚重的包装,你就能得到你想要的一切。

第五节　想高飞就要远走

> 成大事不在于力量的大小，而在于能坚持多久。
>
> ——约翰生

国家的兴衰与个人的命运必定联系在一起。出身乡村的李秉哲一方面要克服乡村小民的短视，另一方面又要保护强烈的民族自尊心，这使他养成了一种主动进攻的习惯，当然这种进攻从来都不是盲目的。

生活在首尔，让李秉哲知道天大地大，做大事也要有大见识。

20岁那年，李秉哲就要拿到新式学校的毕业证了。可就在这时，他走到了人生的十字路口。比起当年初到首尔，李秉哲对这个世界了解得越来越多了，这似乎达到了他的初衷，但是俗话说"学得越多，了解越少"，李秉哲对去日本学习产生了难以抑制的欲望，因为他听到了太多关于日本的信息。

19世纪60年代末期明治维新以后，日本从政治到经济各方面都发生了剧烈变动。政治上，日本政府进行政治改革，建立了君主立宪体；经济上，向欧美学习，进行工业革命。经过几十年的努力，到20世纪初日本已经跻身于世界强国之列。

李秉哲决定一定要去日本看看。看看海峡那边的岛国是不是真的那么好？

从家乡出来，李秉哲不断地成熟，他知道这个世界的广阔远远超出了自己的想象。他要自己亲眼去看看，就像当初到晋州再到首尔一样。如果没有到首尔的学习，他可能只是一个乡下的小乡绅，老了做一个老乡绅，像祖父和父亲一样，虽然受人尊敬，但那不是他想要的。

李秉哲不是不在乎学历的完整性，也不是做事有始无终，而是他更注重学习的内容和学习的效率，所以他不想做片刻停留。这种当断则断、绝不犹豫的作风，在他日后的工作中更是被他发挥得淋漓尽致。

就这样，庆尚南道宜宁郡的小村民李秉哲，要放弃即将得到的毕业证出国去日本了。

一直比较开通的爸爸也不能接受儿子的想法，他以切断李秉哲经济来源为手段，希望打消儿子的古怪念头。但是这仅仅是他的希望，他那从小就特立独行的小儿子，绝不会因为没钱而放弃自己的追求的。

翻开商界奇才的履历，你会发现，真正受过系统、完整教育的创业人是非常少的。因为他们绝非常人，他们身体里流淌着不安分的血液，他们不可能按部就班地随波逐流。学校以外更广阔的世界，才是他们大展拳脚的最佳场所。

世界公认的石油大王——约翰·洛克菲勒，高中尚未毕业，便决定放弃上大学的机会到商界谋生。2012年福布斯排行榜首富，微软创始人——比尔·盖茨，也曾放弃了在世界名校

哈佛读书的机会。还有日本电器之王松下幸之助、美国汽车大王亨利·福特、"苹果"之父乔布斯等，这些人都不在乎学历是否完整，他们更注重是否获得与时间对等的价值。他们还有一个共同点，那就是他们都有自己的主见，一旦确定目标就绝不回头。

　　李秉哲小时候就是按照自己意愿行动的人，现在长大了，他更不可能轻易改变自己的决定。初生牛犊不怕虎，也许是因为李秉哲还没经历过什么大挫折，他相信自己能克服一切困难，达成自己的愿望。

　　虽然家里很富裕，但是李秉哲的父母在教育孩子时都以德行为先，所以李秉哲并不奢侈浪费，家里给他的生活费他会有计划地安排。这个好习惯不仅让他有了一笔不小的存款，也为他日后经商处理资金打下了良好的基础。

　　任凭李秉哲磨破了嘴唇，父亲和母亲都不能接受李秉哲中止学业去日本的决定，父亲甚至打算禁锢李秉哲的自由。

　　什么也阻挡不了李秉哲，就算家里不给钱他也要去日本，因为倔强的李秉哲不会轻易放弃自己的愿望。这时在首尔就读期间攒下的钱有了最好的用途，李秉哲带着省吃俭用节约下来的钱和向富裕同学借的学费，东渡日本了。

　　在李秉哲看来，日本不能简单地用好与不好来概括，但他觉得那里值得他学习的东西太多了。

　　20世纪30年代初，日本经历了空前繁荣期和经济危机期，这让李秉哲对经济和政治与生活的关系有了直观的认识。早稻田大学的政治经济学系，以培养杰出企业家而闻名，李秉

哲在这里成了名副其实的好学生。他勤奋好学、喜欢思考、疯狂阅读、积极参加活动，终于在学习生涯的最后一段进入了最佳状态。

走出乡村，跨出国门，一点点充实了自己的李秉哲，一年以后重新回到熟悉的土地上。他没有像祖辈父辈那样，做一个善良本分的乡绅，他希望在经济领域开天辟地，走商业救国的道路，这个崇高的理想一直支撑着他，让他历经苦难终于修得正果。

第二章　把梦想变成现实

SAMSUNG

■ 第一节 为祖国而奋斗
　■ 第二节 命运的玩笑不可笑
　　■ 第三节 赶走"安逸"这个魔鬼
　　■ 第四节 交学费是值得的
　　　■ 第五节 做个打不倒的战士

SAMSUNG

第一节　为祖国而奋斗

> 不能不热爱祖国，但是这种爱不应该消极地满足于现状，而应该是生气勃勃地希望改进现状，并尽自己的力量来促进这一点。
>
> ——别林斯基

没有一个天才不经历霜刀雪剑的磨砺就能获得成功，也没有一个成功人士会轻言放弃。生活在殖民地的人是最可怜的，而从殖民地到宗主国求学的人就更可怜了，没有一种耻辱比做亡国奴更甚。在这悲哀的境遇里，有人沉沦，有人奋起。李秉哲就是那个知耻而后勇，为强国而不懈奋斗的真猛士，他在"直面人生"的坚毅与顽强中构建了一个新家园。

20世纪初，日本通过政治手段进入朝鲜半岛，不断干涉其主权。明治维新后的日本成了亚洲最强的国家，但是不良的政治导向，使日本走上了军国主义道路，日本渐渐成了邻国的公敌。1910年8月22日，大韩帝国政府被迫同日本政府签署《日韩合并条约》，从此大韩帝国沦为日本的殖民地。日本人在大韩帝国实行了日式教育，首尔也到处是日本人。

李秉哲的家乡是一个远离城市相对宁静的小村庄，当时的朝鲜半岛沦为日本的殖民地，而在李秉哲的家乡，亡国奴的忧伤并不太浓重。

　　李秉哲在首尔求学近七年，他没想到"日本"成了生活的一部分。在首尔他几乎每天都能看到日本人，听到日本话。大学快毕业的时候，李秉哲再也按捺不住内心的渴望，他想去日本亲眼看看，想知道日本人凭什么能在自己的国土上作威作福，他不顾家里的阻拦坐上了去日本的客船。

　　让李秉哲终生铭记在心的是在去日本的船上他受到的羞辱。虽然那是一艘在当时看来比较大的轮船，但是条件依然很简陋。在拥挤闷热的二等舱里，海浪好像被风魔施了法术，轮船忽高忽低，左摇右摆，一直在陆地上生活的李秉哲感到一阵阵的难受。他与在船上遇到的一位同乡安浩相博士摇摇晃晃地走到甲板上。

　　安博士曾经留学德国，获得了哲学博士学位，此次是到日本专门研究东洋哲学的。他们在甲板上聊了一会儿，李秉哲很佩服安博士，觉得能到欧洲去学习是一件了不起的事儿，他也希望自己能在日本学有所成。

　　甲板上风很大，两个人商量着一起调到一等舱去。他们来到一等舱门口，对把守一等舱的日本警察说了他们的想法。

　　"笑话，穷朝鲜人还想到一等舱去？"日本警察轻蔑地说。

　　"哼，别瞧不起人，我们带了一大笔钱就是去日本玩儿！"安博士气愤地喊道。

　　可李秉哲感觉脑子里"嗡"的一下，一瞬间他什么都听不见了，耳边只充斥着那个日本警察侮辱性的几个字——"穷朝鲜人"。他紧握拳头却不知该怎么回击，是啊，自己的祖国现在就是可怜的殖民地，他就是殖民地的二等公民！一个没有了独立主权的国家，"她"的子民何谈"尊严"二字？

更可气的是，那个日本警察开始仔细盘问李秉哲和同乡的身份，好像审问犯人一样。回到二等舱，李秉哲沉默了，他觉得从前乡村伙伴的幸灾乐祸、后来首尔小学同学的讥讽嘲笑都不算什么了，这个来自于侵略者的不屑才像一把锋利的匕首，深深地刺进了李秉哲的心脏，他的心被刺得鲜血淋漓。那一刻他立下了庄重的誓言：一定要为自己祖国的独立富强而努力奋斗，无论发生什么事都矢志不渝！也就是从那时起，他开始有了"实业报国"的理念。

作为殖民地的二等公民，李秉哲第一次切身体会到了亡国奴的凄惨与可悲，他那不认输的性格，让他暗暗发誓要为祖国富强而不懈奋斗。所以当他进入早稻田大学政治经济系的时候，他勤奋刻苦，比任何时候都认真学习，他学到了很多东西。李秉哲回国后立志经商实业救国，他学以致用，用实际行动践行了自己的誓言。李秉哲创办的三星集团，为韩国经济的发展做出了卓越的贡献。

贫穷与落后固然可怕，但知耻而不勇则更可怕。

中国现代著名的作家郁达夫，在小说《沉沦》中曾经写过一个悲剧人物。正逢旧中国黑暗的20世纪20年代，主人公赴日本留学，但是落后贫穷的祖国使他自卑和敏感，别人无意识的眼神和话语都会让他疑心别人是在嘲笑他，他无心学习，最后在绝望中跳海自杀。这个忧郁的男人，留在人间的最后一句话就是:"祖国呀祖国!我的死是你害我的!你快富起来,强起来吧!你还有许多儿女在那里受苦呢!"

而同样是在祖国内忧外患、风雨飘摇的时期,仅仅12岁的周恩来能立下"为中华之崛起而读书"的雄壮誓言。1911年,周恩来到沈阳读书,住在大伯家。大伯到火车站接他的时候,指着一处最繁华的地方说:"那里不能去,因为那里是租界。"

好奇心驱使周恩来违背了大伯的叮嘱,他到租界去看了看。恰逢一个衣衫褴褛的中国妇女在租界的巡警局门口哭诉冤情。原来她的丈夫被外国人的汽车撞死了,她到巡警局寻求帮助,但是中国巡警不仅不帮助她缉拿肇事者,反而训斥她多事。看着在一旁的凶手得意洋洋,所有的中国人都义愤填膺,可是一个无能的政府根本不能保护她的子民,围观的同胞也只能说些起不到实际作用的安慰话。看到这里,周恩来明白了"租界"的含义,从此他陷入了沉思。

有一天,当校长问学生们为什么读书的时候,有的同学回答为父母记账,有的同学回答为了多赚钱,也有的说为明事理,而周恩来说出了振聋发聩的那句话——为中华之崛起而读书!

他的伟大抱负和博大的胸怀让校长为之动容,不禁慨叹:"好啊!为中华之崛起!有志者当效周生啊!"

周恩来言出必行,为了报效祖国他东渡日本又到欧洲留学,回国后积极参加革命,为中华崛起做到了"鞠躬尽瘁,死而后已",最终成为共和国第一位总理,为中华民族在新时期走向世界做出了巨大的贡献。

在国仇家恨面前，有人软弱地躲避人生的痛苦，发出无用的哀嚎，有人勇敢地面对一切，立下丰功伟绩。知耻而后勇，方显英雄本色。李秉哲就是为了高远的志向勤奋学习的一个强者，所以他历经风雨，最终看到了绚丽的彩虹。

第二节　命运的玩笑不可笑

> 能从别人的过错中看出他的优点，那才是最聪明的人呢。
>
> ——德伦西

人生无常，这是人类最无奈的慨叹。到了日本以后，李秉哲亲眼目睹了日本的进步与发达。20世纪20年代是日本政治经济自明治维新以来最混乱的时期。政府实行军国主义，国家的政权高度集中，赋税严重，而且天灾不断，大小地震一波波袭来。遍及欧美的经济危机没有放过与欧美过从甚密的日本岛，工人失业、民不聊生。

即便是这样，李秉哲还是感受到了日本的强大。虽然经济环境不景气，但东京还是留下了过往繁华的痕迹。这里的确比首尔先进，李秉哲不得不承认日本比祖国强，他立志要把日本的好东西带回国。

李秉哲在东京遇到了同乡李舜根，他们很投缘，李舜根到日本比李秉哲早几年，比较了解日本。李舜根当时在东京早稻田大学读三年级，在李舜根的引导下，李秉哲考入了早稻田大学政治经济学系。李秉哲终于找到了自己的方向，好像前面那些年的寻找都是为了这一刻。一切都是新奇的，一切都是神秘的，在早稻田大学，李秉哲如饥似渴地学习，比以往任何一个时期都主动。当年他发奋摆脱小学同学的嘲笑是被动的刻苦，现在不是，他忽然觉得任何知识都是有趣的、有用的。

或许是来自被殖民国家的原因，李秉哲时时记得自己的身份，又或许是机会来得太不容易，单枪匹马、囊中羞涩的李秉哲倍加珍惜在日本的每一分钟。

早稻田大学是日本四大私校之一，1882年建校，到1930年已经培养出多位杰出人物。1956年任日本内阁总理大臣的石桥湛山，是早稻田大学文学哲学科1907年的毕业生。1916年毕业于早稻田大学的江户川乱步，在日本文坛上被誉为"侦探推理小说之父"，是日本最负盛名的侦探小说家，以他的小说制作的侦探卡通片《江户川柯南》，到今天依旧深深吸引着一大批观众。这是一个学习氛围非常浓厚的学校，这里无论是社会科学还是人文科学在日本都很有影响力。

李秉哲在课上学习专业知识，在课后饱览书籍，从著名的企业家传记到政客的主张，再到文学作品，无不涉猎。看到企业家的奋斗经历，李秉哲热血沸腾，他也憧憬自己能有一天成为传记的主角。看到政客的言论，李秉哲感到时代的脉搏总是激烈地跳动着，让他不能做一个旁观者。看到文学作品中的不同世界，李秉哲体会到了人生的百味，他对生活有了更深刻的认识。总之，李秉哲尽一切努力抓住学习时代的尾巴，因为他知道这将是他最后的求学时光了。

能在早稻田大学结束自己的学习生涯，将是一件很愉快的事。但正当李秉哲在知识的海洋里徜徉时，他的身体出现了一种不良的征兆。到日本的第二年，李秉哲总是觉得浑身乏力，吃了药也没有缓解，而且病情越来越重，不久以后他的身体开始浮肿。随着病情恶化，李秉哲不仅不能走路，到后来竟然连生活自理都很困难。经医生诊断，李秉哲的病是因为挑食引起的脚部真菌感染，俗称脚气。自恃年轻力壮的李秉哲怎么也没想到自己会病倒在日本，更没想到会因为小小的真菌感染引发严重的并发症，他每天只能躺在床上眼睁睁地看着时间流逝。

从来都是积极乐观的李秉哲这次真的崩溃了。他扪心自问，到日本后自己奋发读书，从来不曾有片刻的懈怠，就是希望学有所成后能使祖国富强来，洗刷民族的耻辱。

生活为什么偏偏跟他开这样的玩笑？

李秉哲带着遗憾离开了日本。

求学日本的时间虽然短暂，但这是李秉哲生命中非常重要的经历。他在日本期间更加坚定了富国强国的信念，对政治经济产生了浓厚的兴趣，为他日后的发展确立了方向。所以尽管不能完成学业，这次留学的选择依然是正确的。

人生重要的是做出选择，只要对选择负责，就会得到意想不到的收获。

第三节　赶走"安逸"这个魔鬼

> 我从来不把安逸和享乐看作是生活的目的——这种理论，我把它叫作猪栏式的理想。
>
> ——爱因斯坦

世界上再也没有比"安逸"和"享乐"更能让人丧失斗志的东西了。黯然返乡以后，李秉哲在家里过上了安稳的日子，就是"猪栏式"的生活。

因为在日本的那段时间，李秉哲的健康出现了严重的问题，回到家后为了调理身体，有很长一段时间他都没有学习和工作，他掉进了家里的安乐窝。

一直在外面漂泊的李秉哲，多年来第一次安心留在家里，他第一次感受到家的温馨。

李秉哲17岁那年，父亲从家乡传来消息，让他回家里成亲。这简直是晴天霹雳，要知道当时他还是一个中学生。李秉哲难以接受，他当天就坐车回家，希望劝服父亲推掉婚事。

"家有贤妻，男儿不误大业"，这句谚语在民间流传广泛。一直生活在小山村的李赞宇，在家庭观念这方面是非常传统的。虽然他比较开通，能让孩子自由选择学习的方式和地点，但是东方文化里"先成家后立业"的主张在他心里是根深蒂固的。

20世纪初，儒家思想依旧是人们生活的指导思想。儒家经典《礼记·大学》中说：古之欲明德于天下者，先治其国；欲治其国者，先齐其家；欲齐其家者，先修其身；欲修其身者，先正其心；欲正其心者，先诚其意；欲诚其意者，先致其知，致知在格物。物格而后知至，知至而后意诚，意诚而后心正，心正而后身修，身修而后家齐，家齐而后国治，国治而后天下平。

李赞宇反过来劝说儿子，他说"修身、齐家、治国、平天下"才是男人的正常之路。李秉哲明白了父亲的苦心，知道父亲是为了让他早点成熟起来，做一个有担当、有责任感的男人，父亲希望他以后做事情像一个真正的男人一样冷静、全面地考虑问题，这样才能成就一番事业。无论李秉哲采用什么办法都没有说服父亲，而且他也觉得父亲的话有一定的道理，最终他听从了家里的安排，成了婚礼的男主角。

从日本回来，为了让李秉哲的身体尽快复原，一家人想尽办法，很快，李秉哲就康复了。但是身体痊愈后，李秉哲却沉醉在小乡村舒适缓慢的生活里，李秉哲体会到了"家有贤妻"的好处。他好像变了一个人，不再是前些年斗志昂扬、渴望征服天下的那个血性青年。日本远了，首尔远了，就连晋州也淡去了，一时间内生活里只有打牌、清酒和到处闲逛。

李秉哲无所事事，他十几岁出门离家，为了向往的新生活、新世界闯荡，可是二十几岁时竟然成了一个彻头彻尾的地主少爷。

时光匆匆，它可没有兴致等待某一个遗忘了它的人。转眼，李秉哲已经是三个孩子的爸爸了。

那天晚上，李秉哲顶着满天星斗回到家，他刚刚和别人打完牌，很惬意。可是走进房间看到月光下三个孩子熟睡的面孔时，他突然意识到自己已经是一个父亲，是一个有家室的人，父亲当年对他说的话在耳边响起，他应该做一个"真正的男人"。他打了个冷战，好像从噩梦中醒来，他不能再把时间丢到无聊的消遣上去，不能再用酒精麻醉自己，从前那个爱追梦往前"飞"的李秉哲又回来了。

"安逸"是一个怯懦的魔鬼，当你放松警惕时它会乘虚而入，一旦你清醒过来发现它的卑鄙并毫不留情地赶走它时，它就夹着尾巴逃跑了。李秉哲的一生只有在童年和从日本辍学归来这两个时期放松过，其余的时间他都在为自己的理想打拼和奋斗，直到停止呼吸的那一刻。

李秉哲为子孙后代做了一个好榜样，他的拼搏精神，成为三星集团和他的接班人"取之不尽，用之不竭"的财富。

第四节　交学费是值得的

> 每一种挫折或不利的突变，是带着同样或较大的有利的种子。
>
> ——爱默生

万事开头难，但只有迎难而上才能豁然开朗，得见晴空。

那是一个不眠之夜，孩子们均匀的呼吸，让李秉哲对未来产生了深深的忧虑。李秉哲心想，如果像现在这样消磨时光，自己就是一个寄生虫，自己怎么能在孩子们面前做一个这样的爸爸？

"那我该做点什么呢？"李秉哲想。

以李秉哲当时的条件，他有三种选择。第一个选择是参加独立活动，投身于独立运动，这样可以为改变国家和民族命运做出贡献。这当然是一项伟大的事业，但这不是短期内就能成功的，年轻气盛的李秉哲希望找到一条较短的道路救国。第二个选择是当公务员。但当时李秉哲的祖国是日本殖民地，他不愿意寄人篱下，而且颇有助纣为虐的嫌疑。第三个选择就是经商。在早稻田大学期间阅读的那些企业家的传记，突然点燃了李秉哲奋起的意识，他觉得进行企业经营是他的最佳选择。

李秉哲觉得人生不应该再像现在这样消沉，不应该安于平淡的生活，他要为孩子们做一个好榜样，为自己的祖国做些有意义的事情，他要带着他当年去首尔、去日本的激情去创业。

沉睡心底的富国梦开始涌动，于是26岁的李秉哲踏上了新的征程。

虽然李秉哲后来成为三星集团的当家人，身价用韩元来计算的话要以"兆"为单位，但是他最初踏上商场的资金却是父亲李赞宇提供的，而且这些钱很快就血本无归。

像李秉哲一样兴致勃勃挺进商场，却被冷水浇的新手并不少，但并不是每个人都能像李秉哲那样，把失败的损失当成学费，痛定思痛后东山再起。

看到儿子终于醒过来，李赞宇非常高兴，他毫不犹豫地给儿子出资经商。

生于乡村、长于乡村的李秉哲把事业的第一站定在离家不远的马山。他和另外两个朋友各出1万韩元资金，项目是粮食加工，为了表明三人的精诚合作态度，工厂起名为"协同精米所"。李秉哲从日本购进了新式的磨米机器，还向银行贷了一笔钱作为运营资金，他们满怀期待地开动了机器。

李秉哲在确定粮食加工项目之前，经过深思熟虑后他决定去做细致的调查研究。有了创业的想法以后，李秉哲更是每天不在家，但这时候他不是去打牌和饮酒作乐，而是到四处去观察。他发现马山是一个人口流动性很大的地方，那里是农产品、水产品交易的聚集地，如果选对了项目，客源一定能够保证。粮食加工厂门口长长的牛马车队，让李秉哲做出了决定。

十多年前大集市上，对棉花和柴火等热销商品的敏感还停留在李秉哲的身体里，他确信开办粮食加工厂一定能盈利。

　　但是李秉哲忽略了一件事，米的价格决定了米类经营项目的盈亏。他的视野只有自己生活圈那么大，而任何一个商业行为都是由社会大环境决定的。市场的米价不是以小小的马山粮食加工厂的意志为转移的，米市的行情是由韩国和日本的总体粮食产量来决定的。甚至当时中国粮食生产的情况也对韩国产生了影响，此外粮食运营商的干预对市场的米价也有很大的制约作用。

　　李秉哲的构想是好的，他买了最先进的加工设备，他想着只要机器不停地运作就能财源滚滚。可是没想到，斥巨资买来的机器效率越高工厂的损失就越大。因为粮食行情受市场整体情况的影响急剧下降，工厂加工的粮食越多，赔的就越多。"协同精米所"总是在负效益运作中高买低卖，不到一年的时间工厂就赔了三分之二的本钱。

　　那些在失败面前垂头丧气的人，永远是别人的垫脚石和战利品，最终成为强者的美食。反之，能找到失败的原因重新振作的人，一定能挽回败局，最终反败为胜。

　　亏了本的李秉哲也很着急，但是他没有退缩，而是不断反思自己的行为和想法，他发现自己原来是闭门造车、一厢情愿。粮食加工并不是碾碾米那么简单，他应该多关注行情而不是一味蛮干。而且他发现自己还有一种"机器不能闲置"的老观念，这也使他错上加错，做了大量的无用功，还加快了失败的步伐，应该适当地停下来调整，做到张弛有度。

就在李秉哲想重新尝试的时候,有一位合伙人提出了将加工厂关门的建议。李秉哲不同意关闭工厂的提议,他认为做一件事不能受一点打击就轻言放弃,但他同意让那位合伙人退出,虽然那样做他的周转资金就更少了。好在另外一位合伙人朴先生比较赞同李秉哲的想法,他决定继续与李秉哲合作。李秉哲和朴先生约定一年为期,如果粮食加工厂再亏损,李秉哲把本金还给朴先生;如果盈利,除归还本金之外还会附加上利息。

李秉哲在经营方面很有天赋和魄力,他相信自己当初选定的项目没有错,只是经营策略出了问题。他没有关闭加工厂,而是当机立断停下了机器,重新规划新的生产目标和实施方案。他密切关注米市行情,低价买入,等待时机再加工高价卖出,这样加工厂的运作很快正常起来。时隔一年,不仅前一年赔的钱赚了回来,还盈利2万韩元。最为神奇的是,在这一年,李秉哲从日本人手里收购了"马山日出汽车会社",在此基础上他开办了一家运输公司,加上加工厂原有的汽车,运输公司足足有20辆运输车,不仅解决了当地运输困难的问题,而且赚了一大笔钱。

李秉哲兑现了对朴先生的承诺。兴奋之余,他也初步感受到了经营的快乐。李秉哲收购了日本人的公司,他那实业救国的伟大理想也开始实现了。

从李秉哲经营小碾米厂的经历来看,人们做事首先要全面地考虑问题。当失败到来的时候不能气馁,应该有反省的意识和坚持的决心,这样付出的代价才能成为一笔有意义的学费,变成今后成功的宝贵经验。

第五节　做个打不倒的战士

> 要从容地着手去做一件事，但一旦开始，就要坚持到底。
>
> ——比阿斯

只有强者才能笑到最后。李秉哲最后把三星做大做强，这期间的酸甜苦辣真是一言难尽。

如果说李秉哲的碾米厂最初的失败是经营不善造成的，李秉哲有可能迅速做出调整，可以扭转不利局面，那么后来的天灾人祸真的让李秉哲无可奈何。

粮食加工厂盈利以后，李秉哲扩大了经营范围，把与粮食产业相关的运输业纳入经营范畴，取得了不错的收益。

1937年初，李秉哲又发现耕地的买卖很有市场，他开始进行土地交易。原来20世纪30年代，世界经济危机的余波和日本对农民政策的苛刻，使农民生存境遇越发困窘，他们不得不放弃赖以生存的土地，因为丰收成灾让他们的生活雪上加霜。中国同时期的作家叶圣陶，写过一篇短篇小说《多收了三五斗》，非常形象地描绘了黑暗的社会现实里劳动人民的不幸遭遇。农民辛辛苦苦种的粮食，因为大丰收导致粮食价格大跌，而地主的地租却毫无道理地疯长，农民们种地比不种地欠的债还要多。当时农村就上演了这样一幕惨剧，地主阶级敲骨吸髓的剥削方式，让整个社会弥漫着死亡的气息。

当时国内外剥削阶级的双重挤压，让乡村的土地大片大片的荒芜，耕地价格也因此下降。李秉哲觉得囤积土地是最好的资本积累方式，所以他把粮食加工厂和营运赚到的钱都投在了买地上。接着又把买来的地抵押给银行，贷出的钱又来买地。如此循环，几个月的时间，李秉哲就成了拥有600多万平方米土地的大地主。

正在李秉哲看着自己土地成倍的增长心花怒放的时候，他还不知道一个致命的打击已经悄悄袭来。原来就在李秉哲疯狂买地的时候，更疯狂的日本军国主义者把魔爪伸向了中国，大规模的中日战争爆发，朝鲜半岛也愁云惨淡。当时的政府迅速做出一系列重大决策，其中一项就是不仅停止以耕地作抵押的个人贷款，还下令把已经发放的该项贷款全部收回。很多像李秉哲一样囤积土地的人，开始以最快的速度变卖土地，要把损失降到最低点。这样，本来就廉价的土地更是有价无市了。为了还清银行的贷款，李秉哲无奈地以"割肉"的方式，出售了刚买来的土地。即使贱卖了土地，还是赔了很多，根本还不上银行的巨额贷款。因为银行的贷款利率直线上升，每天的利息钱都高得让人胆战心惊。李秉哲只能无奈地把辛苦经营的粮食加工厂和运输公司转让给别人。

这一次的打击是毁灭性的，李秉哲两年来的心血和买来土地想大展宏图的美梦都被无情地碾碎了。

但李秉哲至少还有一样不能被碾碎的东西,那就是他的凌云之志,只要拥有它就足够了。

美国作家斯蒂芬斯说:"每场悲剧都会在平凡的人中造就出英雄来。"

李秉哲就是在战争的悲剧中站起来的英雄,他没有倒下,而是很快开始投入到了下一次创业中去。

家乡的事业中断,李秉哲不顾战乱时期的个人安危,走出家门寻找出路,他的足迹几乎踏遍了整个朝鲜半岛和大半个中国。经过充分的调查和分析,他第二次创业的领域依旧定在人们最基本的饮食方面。他发现,向中国东北出口本国特产的果品和干鱼咸菜等食品,是一个小本大利的生意。人们都用"咸鱼翻身"来嘲笑那些异想天开的穷途末路者,但是李秉哲这次真的通过鱼虾蔬菜从底层开始了自己的再创业。

就像当初把粮食加工厂厂址定在农副产品集散地马山一样,李秉哲这次慎重地将地点定在水陆交通方便、货源充足的大邱。他买了一家面积约为250平方米的店铺,为实现自己的商业梦继续前行。

从李秉哲下定决心创业的那天起,一代商业奇才就没有放弃过他的富国志向,也从没放慢过前进的步伐。1938年3月1日,一家名为"三星"的商店开张了,一个不久的将来震动整个朝鲜半岛的集团,在战火中迈出了它光辉灿烂的第一步。

"三星"的名字很有深意。因为同汉语里"一生二,二生三,三生万物"中的"三"代表无限的意义一样,在朝鲜语里"三"就是大、多、强的意思。而"三"颗"星",意味着清

闪闪发光的三星

澈、明亮的星星很多，在无边的宇宙里永远闪烁不会消失。李秉哲把自己的商铺命名为"三星"，显然其中寄寓了一个虽受挫折但不言放弃的年轻人对未来的憧憬和信心。

在"三星"商会成立以后的日子里，李秉哲不断寻找商机，获得了巨大的成功。他也曾为证明自己对祖国的赤诚而捐出了全部财产。商海沉浮，无论怎样，李秉哲都没有改变自己的初衷。当年在去日本的船上受到侮辱的少年，凭借自己的奋斗，几十年后在给了他屈辱的土地上建立了自己的事业。

"朝着一定目标走去是'志'，一鼓作气中途绝不停止是'气'，两者合起来就是'志气'。一切事业的成败都取决于此。"被誉为20世纪最伟大的心灵导师和成功学大师的美国人戴尔·卡耐基如是说。

第三章　真正的富人

- ■ 第一节 人生是最大的"道场"
- ■ 第二节 最核心的事情
- ■ 第三节 志当存高远
- ■ 第四节 德行比金钱更有价值

第一节　人生是最大的"道场"

> 世界上的事没有绝对成功，只有不断的进步。
>
> ——斯威夫特

"道场"，在佛家和道家的术语里是修法行道的意思。如果在俗世里，应该是个人修身自勉的地方。在没有种族、性别、年龄之别的体育运动中，人类永远保持"更快、更高、更强"的积极进取精神，把人生当作一次比赛。能在世界的"道场"上，用"始于礼、终于礼"的武道精神鞭策自己，无论成绩如何，生命都会是一次华丽而庄严的演出。

李秉哲曾经说过"人生步步是道场"。他的"道场"，既有超然物外的修身自勉的意味，又有培养一个人坚毅勇敢、公正精神的竞技场的意思。

在韩国的传统武术项目中有一项是跆拳道。跆拳道精神是讲究礼义、廉耻、忍耐、克己、百折不屈，这与中国传统文化的特点非常相似，作为现代奥运会项目之一的跆拳道与中国传统武术也有着很深厚的渊源。

跆拳道是从日本的空手道演化而来的，而空手道与中国北宋时期的一种武术"形意拳"有很大的关系。

中国著名的抗金名将岳飞有一支所向披靡的"岳家军"，这只军队操练的就是形意拳，民间流传"撼山易，撼岳家军难"的说法。"唐手道"是以形意拳为主并融合了太极、八卦、少林各派拳法的精妙后的新武术，讲究内外兼修。因为与中国武术有关，被尊称为"唐手道"。唐手道后来被传入日本，日本人称之为"空手道"。

第二次世界大战以后，韩国成立了许多家以空手道为基础的武馆。为了与日本的空手道相区别，就根据这种武术的形式特点起名为"跆拳道"。跆就是脚踢和撞摔，拳就是用拳头打击，道则指一种艺术方法。从跆拳道的演变历史来看，这种运动与中国传统武术有着密切关系，所以也就不难理解跆拳道精神与中国传统文化之间的联系了。

李秉哲和三星集团的很多精神，与跆拳道的精神相同，尤其是忍耐、克己和百折不屈这几方面最为突出。李秉哲从商半个多世纪，遇挫折无数，遇对手无数，但是他都用自己的修为一一化解，最终登上韩国第一财团负责人的宝座。

为了保持一种相对的公平，使竞争环境保持平衡，很多国家对国内大财团都会进行行政干涉，但是也很少有国家像韩国政府对待三星集团那样苛刻。朴正熙执政时期，韩国政府对李秉哲和他的三星集团始终都不够友好，三星集团一度被收为国有。后来情况多变，三星又重新回到李秉哲手中，可是他依旧被政府钳制得很紧。1980年，全斗焕军政府强行接手三星旗下东洋广播公司。

那天是一个夏天温暖的早晨，李秉哲的心却是冰冷的。

当时军政府先找到东洋广播公司社长洪进基，让洪进基同意政府的收编要求，但是洪进基说："我不能独自决定，一定要李会长来才行。"于是李秉哲匆忙赶到政府，在坚持了不到15分钟后李秉哲就在同意转让的文件上签了字。洪进基事后回忆说："在当时的情形下，如果不妥协就会遭到更多的羞辱。"

东洋广播公司是李秉哲和李健熙父子两代人的痛。1964年5月9日，三星集团及中央日报社出资建立了一家广播电台兼电视台，命名为东洋广播公司，英文缩写为TBC-TV，于同年12月7日正式开播。因为所占电视频道为第七频道，也被称为"七番"。也正是这一年，韩国政府创立了韩国广播公司，英文缩写为KBS-TV，这是韩国第一家官方电视台。KBS-TV虽然为政府所支持，但是TBC-TV依旧办得有声有色。

朴正熙总统遇刺后，全斗焕和卢泰愚发动政变夺权。全斗焕上台以后，为了有效钳制言论，强制把全国性的媒体统一合并，并废除了各大报社的地方新闻中心，而各个地方的新闻都由"联合通讯社"统一供应。这家联合通讯社，就是由东洋广播公司和韩国广播公司合并的。当时全斗焕采取的一系列措施被称为"言论统废合"政策。

三星集团作为一个企业，被政府以国家的名义拿走了自己的产业，李秉哲毫无办法，摇着头接受了，因为这就是他的国家，再不好，他也不会抛下"她"。李秉哲的小儿子李健熙很难过，因为这家东洋广播公司也倾注了他大量的心血。他24岁走进这里，在他38岁公司如日中天时却一无所有，他只能眼睁睁地看着TBC-TV变成KBS-2。

所有的打击，对于勇敢的人而言不过是人生山峰上的一个沟壑，跨过去继续攀登是他们坚定的选择。李秉哲已经身经百战，在祖国命运多舛时，他以顽强的毅力忍受了一次又一次的"巧取豪夺"，最终得到了人生的大奖。而李健熙也从这次挫折中看到了父亲的胸怀，在他日后独自担纲时，面对各种挫折也能安之若素。

贝多芬说："卓越的人，一大优点是在不利与艰难的遭遇里百折不挠。"

李秉哲和李健熙都是卓越的人，他们在人生的"道场"上百忍成钢，如果企业家按照跆拳道的等级来划分，他们父子都应该是黑带，而且都应该是九段。

关于黑带可以说得更清楚些。黑带是跆拳道高手的标志，既是技艺方面的实力证明，更是对一种无上的荣誉和责任的承载。黑带段位有九段，一至三段是黑带新手，四至六段是高手中的高手，而达到七至九段的人更是凤毛麟角，因为这几个段位只授予具有高学识造诣和对跆拳道发展做出了重大贡献的人。

李氏父子在企业的经营管理上，成为韩国乃至世界的楷模，"大白鲨"的战斗精神在"道场"上已经淋漓尽致地体现出来了。

第二节 最核心的事情

> 良好的方法能使我们更好地发挥天赋的才能，而拙劣的方法则可能妨碍才能的发挥。
>
> ——贝尔纳

"治大国若烹小鲜"其实说的就是管理的最高境界，即无为而无不为。

李秉哲作为管理大师，他在任期间对员工的管理方法采用的就是无为而治。他把握两个原则，一是选好人，二是用好人。而他自己就像舵手，为这些人才做个引路人，他要把有限的精力用在最需要的地方上去。

孔子有一个学生叫宓子贱，曾被鲁国国君鲁哀公任命为单父的地方官，即县长。宓子贱每天弹琴唱歌，好像无所事事，可是地方一片繁华。他的前任巫马期，听说了宓子贱的工作方式和工作效果觉得不可思议，于是就跑到宓子贱那里去请教。

单父原来落后又混乱，鲁哀公先让孔子推荐一个勤恳工作的人，孔子推荐了弟子巫马期。巫马期在任期间披星戴月，工作勤勤恳恳，废寝忘食，用了九牛二虎之力才把这个地方治理好，而巫马期也因事必躬亲而累倒了。于是鲁哀公又让孔子推

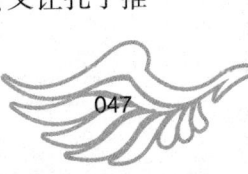

荐一个能人，孔子就推荐了宓子贱。

宓子贱很聪明，非常知人善用。他知道单父不好治理，路上遇到渔夫阳昼，他问阳昼他该怎么办。阳昼对宓子贱说他年轻无知，并不懂得为官之道，对怎样治理百姓的方法一窍不通，但是他是个渔夫，有两条钓鱼的经验可以相告。一见到钓饵就咬的鱼叫阳桥鱼，这种鱼肉少味道又不美，而另一种鱼忽隐忽现，见到鱼饵时若即若离，想吃又不贪吃，这种鱼肉肥而味美。

"你说得太好了！"宓子贱如醍醐灌顶，轻松地去上任了。

在宓子贱还没到达单父时，迎接他的车马队伍就已经排得很长了。"快跑，阳昼说的那些阳桥鱼来了！"宓子贱跟车夫说。他们快马加鞭，把那些用阿谀之法求得自保的浅薄低劣的无能之辈远远抛在了后面。

到任之后，宓子贱找来当地德高望重的人和他一起治理单父。所以虽然宓子贱不像巫马期那样忙忙碌碌，却把单父治理得更加富足。

"我没什么窍门，我只是依靠了大家的力量。而你只用你一个人的力量，所以你辛苦不堪，而我轻松愉快。"宓子贱笑着对困惑的巫马期说。

这个故事说明两个道理，一是要会选择人才，二是要会使用人才。李秉哲这两方面都做得非常出色。

他在波士顿大学授予他名誉博士的演讲中说："无论我从事哪个行业，我最先做的事情就是招聘最优秀的人才，然后把他们安排到最合适的岗位上去。"

李秉哲的管理理念是，他自己的职责是寻找该做的事情，至于怎样做，应该放手给能做的人去做。

有一次，李秉哲请一个负责培训员工的下属吃饭，吃饭的地点就是李秉哲的办公室。下属来到办公室，看到餐桌上摆放着的是常见的韩式料理，还有一些生鱼片寿司。他们吃得很好，午餐快结束时，一个厨师装扮的日本人走进办公室。

"这位是我在日本时，经常热情款待我的日本厨师，也是尽心尽力为我们饭店培训员工的教师。因为我非常感激他为我和我们集团所做的一切，特地邀请他到韩国观光。可是他来到这里不但不出去游玩，反而到公司为我准备午饭。"李秉哲对下属说，接着他又对那位日本厨师说："太感谢您了，明天您到首尔市区好好看看吧。"

"对我而言，能看看韩国海鲜市场和厨房就是最好的观光了。我已经参观过海鲜市场，并且有机会与韩国厨师一道为您准备午餐就更荣幸了。只是不知道您觉得味道怎么样。"日本厨师谦恭地说。

李秉哲表示味道非常好，他对那位厨师表达了谢意。接下来，李秉哲和另外一个下属同日本厨师，又讨论了这顿午餐中的寿司与在日本时味道有差别的原因。

这位平时培训别人的下属，在三星最高长官的办公室上了生动的一课，他发现李秉哲非常善于发现管理的学问。

李秉哲对下属讲了这个日本客人的一些事情。这位日本客人原本毕业于日本一所一流的大学，但是为了继承家族苦心经营了几代的餐厅，他隐姓埋名到国内知名的餐厅刷盘子，又跟父亲在厨房学习厨艺，用了几年的时间学成出师。现在他当了老板，却每天亲自为客人烹饪食物。他受邀来到韩国观光，却每天清晨4点起床去海鲜早市。这位日本客人曾说，在日本，挑海鲜的事全都由老板亲自完成，因为要把一家餐厅经营好，最重要的就是选材和烹制。而韩国餐厅的老板，多数是开始时能下厨房为客人做菜，等到有点名气了，就西装革履地站在柜台前收银。这样的结果就是食物的味道越来越差，客人流失，最后餐厅关门。

从日本客人的做法中，李秉哲总结了一些心得体会。他认为核心要素对任何一件事情来说都是最重要的，身为管理者，只关注金钱流水，只会迎来送往，却忽略了本质，长此以往，企业的基础就会动摇，而没有了深度，企业就不会发展，最终只能消失。他发现日本很多有几百年历史的企业，他们的共同点就是管理人都会亲自做最核心的事情。所以，管理企业，管理者一定不能偏离了方向，站错了自己的位置。

李秉哲是一个长于思考并善于行动的人，他把思考的结果用在实践中，自然事半功倍。他就像宓子贱一样，把具体工作交给下属去做，不重要的事情绝不会插手，重要的事情绝不会忽视。三星集团的核心工作就是寻找发展的方向，在李秉哲执掌三星期间，三星帝国的大方向从来都没有错过。最典型的就是20世纪80年代李秉哲力排众议进军韩国半导体市场，这个决定也为韩国尖端产业的发展奠定了厚重的基石。

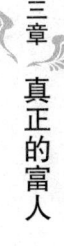

第三节　志当存高远

> 我们以人们的目的来判断人的活动。目的伟大，活动才可以说是伟大的。
>
> ——契诃夫

凭着"志"与"气"，李秉哲获得了巨大的成功，到20世纪60年代，他的三星商会已经成为韩国最有影响力的商业财团，他的商业活动非常成功。李秉哲几乎是白手起家的，但是在祖国与金钱之间，李秉哲从没有犹豫过，他所做的一切对韩国而言可谓是"伟大的壮举"，李秉哲对祖国的赤胆忠心是日月可鉴的。

韩国的特殊历史与地理环境，使韩国财团与政府之间的关系总是"剪不断理还乱"的，政客们的活动资金总有些说不清的来历。但因为韩国政府需要发展，也就默许了这种不正当的关系。李秉哲作为一个商人，本来不想与政府走得太近，但是因为三星集团在韩国财团中已呈鹤立鸡群之势，所以三星集团不能不与政府往来。对于三星集团和李秉哲来说，这些特殊的关系只能用一句"往事不堪回首"来说了。

1963年12月，朴正熙当选韩国总统，后来连任5届总统，在第5任期期间被自己任命的情报局局长金载圭刺杀。朴正熙

闪闪发光的三星

在职期间韩国经济得到了飞速发展，创造了"汉江奇迹"，使韩国成为与新加坡、中国香港、中国台湾并驾齐驱的"亚洲四小龙"。在"汉江奇迹"中，以三星集团为代表的韩国企业为国家富强做出了突出的贡献。

三星集团在朴正熙执政期间可谓功勋卓著又受尽委屈。政府需要时就施舍一点温情，不需要时就弃若敝屣，但是李秉哲都以顾全大局的姿态接受了，因为他对自己的祖国怀有一种超越一切的崇高感情。

三星集团一切来之不易。最初的粮食加工厂和运输公司被战乱干扰，不得不转让以还清银行贷款，李秉哲一无所有。他又通过出口特色食品起家，一点点开办酿酒厂、韩国第一家制糖厂、纺织厂，经过多年的努力，三星集团才有了不错的成绩。

李秉哲曾说："对个人来讲，每个人都有自己的长处。而能够最大限度地发挥其长处的工作，就是为国家和人民服务，对国家和社会尽责。作为我个人，就是要走'实业报国'之路，这就是我对国家应尽的职责和应做的贡献。"

"实业救国"是李秉哲最根本的目的。所以，当朴正熙军政府建立后把李秉哲说成"聚敛不义之财"的唯利是图的商人的时候，李秉哲做出了一个让所有人都意外的决定。

原来，朴正熙是一个清苦农民家庭出身的韩国军人，他通过个人的努力走到了韩国政坛最高端。他本人对官商勾结非常反感，也不喜欢过奢华的生活。以他为首的军政府着力惩治腐败现象，也对垄断韩国经济的大财团进行严厉打击。军政府根据各财团出口额多少，开列了一个企业经营领导者名单，而在这11人中，李秉哲的名字排在了第一位。

在李秉哲被扣上"不义商人"的帽子的时候，李秉哲本人正在日本东京洽谈业务。韩国军政府派人去日本敦促李秉哲回国，要对他做出处理。李秉哲以最快的速度在日本东京帝国饭店举行了一场记者招待会，宣布将全部财产捐献给国家，他用这样的方式来证明自己对祖国的一片忠心。就像《礼记·儒行》中所说的"苟利国家，不求富贵"一样。当然，李秉哲此时献出的"利"绝不能用"苟利"来形容，他苦心经营的韩国第一毛织厂和第一制糖厂都成了国家的公有财产。

李秉哲在被迫捐出资产时，他虽然沮丧，但是没有消沉，而且他从未放弃报效祖国的崇高理想。

后来朴正熙为了发展经济，不得不再请李秉哲这样"聚敛不义之财"大商人出山。李秉哲"摒弃前嫌"，再度创业，在朴正熙政权的打压中艰难图存，他一方面发展了三星集团，另一方面的确繁荣了韩国经济。

1979年，朴正熙总统举行葬礼的时候，很多人都含泪哀悼，而李秉哲的心情却很复杂。"今天葬礼上的这个人让三星遭了多少罪？"李秉哲叹息着说。

李秉哲忘不了朴正熙刚执政时对三星集团的商业目的和方式的否定，也忘不了为了韩国经济发展，朴正熙把三星还给他却又刁难他的事。

那一年三星参加一个公司并购的投标，开出了500亿的高价得以中标，可是最后，朴正熙却以各种各样的借口以100万

的象征性价格，把项目给了一个没有参加竞标的企业。还有在化肥厂事件中，政府不支持三星发展的融资政策，三星被迫以不合法的方式自筹资金，结果朴正熙当局把李秉哲的化肥厂没收，还羁押了李秉哲的二儿子李昌熙。像这样的事情还有很多，李秉哲最终都忍受了，不是李秉哲软弱，也不是李秉哲贪财，而是因为李秉哲始终以爱国的情怀包容了政府、包容了朴正熙。李秉哲认为只要自己能够经商，就能为韩国的发展出一份力，所以他以顽强的意志，顶住了来自政府最高端的"明枪暗箭"。

一个人只要有一颗热爱祖国的心，还有什么不能宽恕的呢？还有什么不能战胜的呢？

三星的生命力是巨大的。当年朴正熙政府出于对大财阀的偏见，给三星公司的发展设置了很多障碍。后来的全斗焕政府对三星的态度也没有温和，他们把李秉哲的TBC，也就是东洋广播公司收归国有，可是三星集团还是越挫越勇，最终成为韩国企业的绝对领袖。这与李秉哲的坚定信念是分不开的，只要一息尚存，李秉哲就会在实业救国的道路上走下去。

第四节　德行比金钱更有价值

如果道德败坏了，趣味也必然会堕落。

——狄德罗

《礼记》中有这样一句"师也者，教之以事而喻诸德也"，意思是说教师不仅要教授学生专业知识，更要培养他们的美德。而德国伟大的音乐家贝多芬说："把美德、善行传给你的孩子们，而不是留下财富，只有这样才能带给他们幸福。"

李秉哲是一个企业家，同时也是一个教育家，虽然他没有当过老师，但是在他的一生中，他始终坚持用自己的德行感染别人。因为李秉哲在世界经济领域里的突出贡献，美国著名的波士顿大学，在1982年4月2日授予李秉哲以该校名誉管理学博士学位。在博士授予仪式上，李秉哲做了一次精彩的演讲，这次演讲的内容体现了他坚定的爱国信念和崇高的人道精神，也是李秉哲对自己一生的总结，他的发言博得了波士顿大学教授和嘉宾热烈的掌声，人们记住了那一句铿锵有力的话——通过企业为人类的发展做贡献。三星在成功之后积极参与公益事业，赢得了社会的广泛赞誉。

李秉哲说很多人曾经问他成功的秘诀是什么，他说：

"我总是毫不犹豫地告诉他们，秘诀就是把我的员工放在高于一切的位置上。"李秉哲懂得"十年树木百年树人"的道理。他说，东方的谚语里对成功的长短有很形象的描绘，如果只图眼前的成功，就种庄稼；如果要把成功延长十年，就种树；而要有百世之功，那就要培养人。所以三星在企业发展中总是把员工放在第一位。

如果单纯使用人才，那可能是每个优秀企业都能做到的，而对员工做到尊重和爱护是很多企业不能做到的。当年李秉哲在日本求学，刚好看到日本在经济危机中溃退的颓败景象，工人失业，生活艰难，他对平民的不幸产生了深深的同情。三星创业阶段，正是朝鲜和整个世界都动荡不安的时期，这让李秉哲体会到了生存的艰难。李秉哲知道，一个人的收入对于一家人的重要性，所以他对员工采用了终身雇用制度。他说除非是他破产，否则是不会解雇任何员工的，哪怕是那些并不称职的员工，他也不会解雇他们。他通常的做法是给那些不称职的员工找一个更适合的岗位，让他们能继续养家糊口。所以三星的员工把三星当作自己的家一点都不足为奇。当然这个"家"也有一些"家规"，但是归根到底，都是为了三星这个"大家"，也正因为每个家庭成员都很自觉地遵守"家规"，才使三星人在世界都有了家。

三星把企业作为社会发展的桥梁，他们的最终目的是强国富民和兼济天下。2008年中国"512"汶川地震，三星集团捐出了3000万美元。

当然，无论走到哪里，李秉哲都不会忘记自己的祖国。在波士顿大学的讲堂上，李秉哲再一次表现出他对祖国的一片真情。他说："在半个世纪的经商生涯中，我恪守的另一个信条是：国家是所有企业最重要的基础。"

在演讲中，李秉哲援引了当年美国总统里根的一些观点。他说里根总统对美国企业家的态度是他非常欣赏的，他同意里根总统把企业家称为"以信念和奉献精神创造新岗位、新财富、新机会的英雄"的说法。

在李秉哲从26岁经商到77岁辞世的半个世纪里，李秉哲就是里根总统所说的那种"新英雄"。

在日本对自己的祖国实行殖民统治、失去独立自由的36年间，李秉哲经历了太多次的崛起与失败，其中多是由不平等的经济政策导致的。1937年购地失败的苦痛让他记忆犹新，太平洋战争爆发后刚刚在首尔打开局面的他又一无所有。战争的苦难使李秉哲饱尝痛苦，多年的各地创业让他看见了祖国人民的水深火热，所以他一方面牢记"实业救国"，一方面抱着一颗慈悲的心为人们谋福利。

李秉哲总是记得小时候父亲李赞宇对自己的教诲，父亲要他做一个善良的人，做一个诚实守信的人。虽然李秉哲对商业对手绝不手软，但对待社会上的弱势群体却一直很慷慨。今天的三星在韩国的慈善机构无所不在，这就是李秉哲、李健熙父子人道精神的最好证明。

李秉哲一生以国家和人民的利益为重，即便是被本国政府多次刁难，但是在外国的讲坛上他对祖国没有一句抱怨。他处处维护祖国的形象，在演讲中，他没有提朴正熙政府和全斗焕政府对他的苛刻，只是对日本的殖民表示不满。

　　李秉哲把企业的使命定为"为国家为国民和为全人类做贡献"，并把这一理念传给了他的儿子。1989年三星创建了"三星福利财团"，目的就是把李秉哲的"企业使命观"更好地贯彻落实。三星福利财团为残疾人设立了工厂，为了帮助盲人，三星还训练了一批导盲犬，三星福利财团还创办了多家托儿所来解决低收入家庭的孩子入托问题。

　　今天，三星对社会的回报日益增多，并以自己的方式为国家和人民做出了贡献，李秉哲的伟大目标与现实越来越接近。

第四章　谁是真命天子

■ 第一节　不小心成了"太子"

■ 第二节　拆解时间的孩子

■ 第三节　百变电影少年

第一节　不小心成了"太子"

> 陈旧的眼光感受不了任何新景象。
>
> ——萨克雷

天下就是给那些真正的英雄准备的，如果固守陈旧的思想，结果一定是江山易主。李健熙或许没有争夺三星天下的野心，但是他一直在努力完善自己，在机会到来的时候，他紧紧抓住了它，成就了一番伟业。

东方人的思想里有两个比较顽固的观点，第一个就是长房长孙的家庭地位不可动摇，第二个就是重男轻女已经成为集体意识，很难改变。

但是总有例外，地道的东方人李秉哲，没有固守这样的传统观念，他把偌大的家业给了最适合的小儿子李健熙，而不是交给背叛他的大儿子李孟熙和无能的二儿子李昌熙。

对于一个父亲而言，最大的打击莫过于儿子的篡权和背叛，李秉哲却承受了两个儿子的无情伤害。

20世纪60年代，还年富力强的李秉哲就已经考虑三星集团巨额财产的分配情况了。这也是多数富豪不约而同的做法，德国巨富宝马集团掌舵人科万特家族就有这样的习惯。这些成功者不仅要创业，还要为守住家业尽量多做些事情。

李秉哲的三个儿子都接受过良好的教育。韩国的传统都是长子接管父亲的家业，1965年，李秉哲循例把公司交给了大儿子李孟熙，希望他能胜任。这样做没多久，家里就发生了一件大事。二儿子李昌熙自认为比大哥有能力，野心勃勃地想夺权。

为了证明自己的能力很强，1966年，李昌熙在三星建设化肥厂资金周转困难的时候竟然采用了走私方式。三星集团当时有一个第一制糖厂，糖精原料需要进口，所以李昌熙把一些走私来的洁具、机器等物品，都用糖精原料包装，试图蒙混过海关，运入国内以避税和牟取暴利。虽然李秉哲一家认为当时朴正熙总统曾经有默许用这种方式积累资金的意思，但是东窗事发的时候李昌熙还是被判入狱，李秉哲引咎辞职。这件事被称为"糖精走私事件"，在李氏家族的创业史上这是第一次因为违法而被国家处罚。

被迫辞职的李秉哲，把集团的事务全权交给了长子李孟熙，没想到不到半年的时间，三星集团就混乱不堪了。李孟熙是一个华而不实的皇太子，他刚一接管三星就想把老皇帝的臣子都换掉，这样做不仅是对父亲的不尊敬，更动摇了三星的根基。

李秉哲借着退居幕后的半年时间看清楚了长子的狼子野心，当"糖精走私事件"的不良影响慢慢消去后，李秉哲复出并很果断地收回了李孟熙的权力。考虑到长子无能而且无情，次子又有不良记录，李秉哲开始萌生把家业交给低调的小儿子李健熙的想法，而且很快他就宣布了自己的决定。

一天，李秉哲召开了一个三星高级管理人员会议，对内宣布了自己的遗嘱，内容是把自己名下资产分为三份，其中两份全部捐出，直系子女和有贡献的职员得到剩下的一份，三星集团由三子李健熙掌管。

出狱后的李昌熙心理非常不平衡，自己为了家族利益失去了6个月的自由，可在大哥失去继承权之后三星还是没轮到自己接管，于是他做出了一个忤逆不孝的决定——他要把父亲送进监狱。李昌熙暗暗地搜集父亲的"违法"证据，写就一封请愿书提交给总统朴正熙，举报父亲在海外有非法储蓄、三星集团逃税、逃汇、承包工程偷工减料等问题，这给李秉哲和三星集团造成了很严重的名誉损失。这件儿子状告父亲的罕见之事在三星集团和韩国史上很轰动，被称为"青瓦台上书"事件。

"青瓦台上书"事件之后李秉哲很被动，虽然总统府并没有受理这一家庭纠纷，以"儿子告父亲忤逆不道"为由拒绝了李昌熙的"状纸"。但是恶誉已出，李秉哲经过了长时间的证明、解释才渐渐挽回了三星的声誉。事后李秉哲知道原来是自己的亲生儿子打着"大义灭亲"的旗号，目的是报复自己没有传位给他，他勃然大怒。李秉哲采用了家法，监禁了李昌熙，自此，李昌熙再无争夺家产的权利。而在"青瓦台上书"事件中，李孟熙也被父亲怀疑，认为他与二弟勾结，一起打击父亲。这位本来就已经被废黜的前三星太子的日子就更加艰难了，父亲再也没有正眼看过他一眼。

李秉哲的三星帝国，就像很多帝王的家事一样复杂而无奈。传说当年唐高祖李渊的几个儿子因为皇权自相残杀，太子

第四章 谁是真命天子

李建成寸功未立，仅仅因为是长子的缘故而轻松地得到了合法的继承权。四弟李元吉与建成交好，他看到二哥李世民在朝野上下地位越来越高，害怕有一天二哥的势力太大威胁到大哥，于是唆使大哥除掉李世民。一开始，李建成顾念兄弟情义没有下手，最后在李元吉的一再挑拨之下，兄弟三人矛盾加深，达到了兵戎相见、你死我活的程度。李世民的家臣劝说李世民反击，并说如果李世民一味顾忌兄弟手足之情，任由两个冷酷无能的兄弟宰割，那么不仅会丢了自己的性命，李氏的天下也将灭亡。于是实力雄厚的李世民发动了著名的"玄武门兵变"，杀掉了自己的大哥太子李建成和四弟李元吉，成为新太子，不久以后即位，由此开启了大唐盛世的序幕。

史上传说李世民不得不为求自保而策动"玄武门兵变"，也有人说这是李世民为堵住沸沸之口而造的舆论，究竟历史是怎么样的，我们无法穿越回去查看真相，但是历时22年之久的贞观之治却成为中国历史上最辉煌灿烂的一页。

李孟熙就像是无能的太子李建成，而李昌熙就像狠毒的李元吉，在他们的本相一点点暴露出来以后，李秉哲怎么可能把三星帝国交给他们呢？一直沉默不语却始终在努力的李健熙，既偶然又必然地继承了父亲的大统，而他没有辜负父亲的期望，在真正成为三星领导者的时候宣布了二次创业，几十年商海拼搏，在21世纪第一个10年里他带领着三星走向了世界第一财团的阵营。

第二节　拆解时间的孩子

> 孤独，是忧愁的伴侣，也是精神活动的密友。
>
> ——纪伯伦

有一首英文歌曲曾经风靡全球，名字就叫《麻烦是朋友》，是说麻烦不是坏东西，它能使人成长。其实，很多我们想回避、想拒绝的东西都是使我们进步的朋友，比如孤独。

今天，叱咤风云的三星集团总裁李健熙，是韩国唯一得到总统特赦令的人，而他就是伴随着无边的孤独、寂寞成长起来的。独自忍受寂寞，已经成了少年李健熙的习惯。

小时候，李健熙与家人聚少离多。他刚刚断奶就被送到了外婆家，好在外婆慈祥温和，给了年幼的李健熙无边的关爱。

李健熙三、四岁的时候回到了父母身边，因为一直没有和家人在一起生活，他和家人十分生疏。后来因为父亲经商不断搬到新的城市，所以李健熙也不断转学，以至于他没有结交下一个长久的朋友。

1953年，年仅11岁的李健熙被父亲送到了日本。这样，李健熙连有共同语言的朋友都交不到了。刚到日本的时候，因为不会说日语，让李健熙饱受折磨。加上日本孩子对来自于韩国

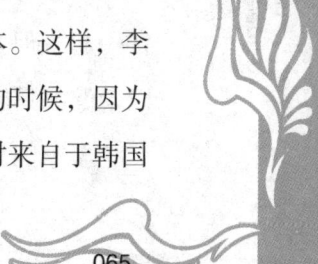

的他一直都不够友善，他遭遇到的嘲笑，比起爸爸李秉哲在首尔时遭到同胞的嘲笑更多。所以李健熙比父亲李秉哲更早地意识到一个国家的强大对于个人的重要性。后来他虽然过了语言关，但是在人际交往上他已经越来越封闭了，他成了自己最好的朋友。

李秉哲对于孩子的教育非常重视。李秉哲因为自己在日本学到了很多东西，所以李家的孩子都被他送到了日本。日本虽然曾经在战争中遭到过重创，但是日本的教育是最先在国内复兴的。曾在日本留学的李秉哲对日本有着极其深刻的印象，他在早稻田大学的时间虽短，但是在他经商的过程中却总是受到留日期间所见所闻的影响。所以孩子们长大以后，李秉哲早早地就把孩子送出去，让他们到先进的国家去学习，而且"走出去，拿回来"是三星一贯的做法。

李健熙对留学深恶痛绝，但在日后他还是感谢父亲给他创造了留学的机会。

日本再好，对于一个11岁的异国男孩儿来说都是冰冷、陌生的。尽管两个哥哥都在日本，但是李健熙自幼就与祖母生活在一起，与父母兄弟姐妹接触很少，而且两个哥哥都比他大很多，所以他与两个哥哥基本没什么共同话题。当时大哥李孟熙在日本东京大学农学院读书，住在学校。二哥李昌熙作为韩国第一届留学生在日本东京一所贵族学校读书，李健熙与二哥住在一起，但是二哥比他大9岁，两个人根本玩不到一起去，所以李健熙只能自己打发漫长的时间。

李家三兄弟有一个共同的爱好，那就是拆东西。不管是便宜的普通玩具，还是难得一见的新鲜玩意儿，到了这三兄弟的手里只有一个命运——大卸八块。有的幸运能被还原，有的就只能支离破碎了。

李健熙一个人的时候就拆东西，从而练就了一种研究事物内部结构的本领。这一爱好一直到他成了三星总裁以后也没改变，反而变本加厉，每次他拆完别人的东西都有重大收获。

Anycall就是李健熙拆解索尼产品以后的结果。李健熙喜欢追根究底，他不明白为什么自己的三星价格不高却受冷遇，而索尼价格不菲人们却趋之若鹜，所以他打开了索尼，看到了差别，也找到了问题。他发现三星比索尼多了20%的部件，而价格却比索尼低2成。最重要的是自己的品牌没有特色，是亦步亦趋跟风式的东西。真正的有钱人是不屑于跟在别人后面买赝品的，无论这赝品多么好。所以李健熙迅速调整家族产业传统方式，由模仿转向创新。他不能总跟在别人后面拾人牙慧，他要做那个领军人。后来的结果表明，李健熙成功了。就在李健熙拆了索尼产品后不久，三星生产出了Anycall，Anycall以漂亮的外形和强大的功能迅速招徕了一大批追随者。

在拆解东西的过程中，李健熙一方面对科技产生了浓厚的兴趣，另一方面对产品的性能质量有了最朴素的认识。那些质量好的玩具在细节方面都很精细，也不容易坏掉，并且各个零部件之间安排得非常合理，而那些粗糙的东西却恰恰相反，既不美观也不耐用。他一边拆一边装，虽然不见得都能还原，但是动手能力大大增强，时间就这样不知不觉地过去了。大块的时间就像被拆开的玩具，一点点的变散了、消失了。而重新拼

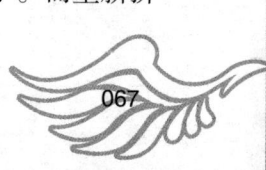

装以后，孤独已经不是孤独，而是一个全新的科研成果，承载的是喜悦和快乐。

拆就拆得彻底，这是一种钻研的精神。面对一部精美的录放机，李健熙不仅仔细研读说明书，还必须将其完全拆散，内部的零件设计和构造更是他必须研究的项目，他要研究的还有产品的制造商。1968年到1987年，三星的掌舵人都是李秉哲，所以李健熙能把很多时间放在研究机械和其他爱好上。就算在他继承了父亲的衣钵后，他这一爱好也没有变。不管是什么，电子的也好，机械的也好，只要能拆开的东西他就绝不会放过，而且一定把它们研究明白。读那些枯燥的机械原理专业书籍李健熙甘之如饴，遇到自己实在弄不懂的东西他就请技术人员来家里为他讲解。据说到李健熙家里为他做讲解的日本技术人员人数高达数百名之多。对细微的电子产品知识，李健熙的造诣也很深，所以他对三星电子的动向总是把握得很准确。

李健熙一直都喜欢琢磨机器的实用性和舒适性，这和他小时候爱动手的习惯有着密切的关系。以前手机上，开机关机这两个按键的位置一直在手机下方不起眼的地方，操作起来很不方便。一天，李健熙摆弄着一款传统按键手机，他忽然觉察到哪里不太对劲，仔细一琢磨，发现手机的开关机按键位置非常不顺手。所以，他就找来研究部门，问他们为什么这两个常用的按键位置却如此不科学。结果，三星很快就生产出开关机两个按键位于屏幕下方的新款手机。三星的这一改变非常人性化，很快被其他手机公司借鉴，大大方便了手机用户。当然，一般人都不知道这一改变源于一个跨国公司总裁的一个念头。

所以，寂寞就像麻烦，它们不可怕，有的人在无忧无虑的游戏中获得一个快乐的童年，而那些被迫面对孤独的孩子，也不能沉湎于忧伤。生活中，即使在伤感里面也会有正能量。李健熙勤于思考，善于动手，一个童年寂寞的孩子，不一定一生都寂寞。而人们也常说：耐得住寂寞才守得住繁华。如果当年李健熙因为孤独而忧郁悲伤，在父亲看不到的地方自甘堕落，那么他就永远得不到韩国"经济总统"的盛誉了。

第三节 百变电影少年

思考是人类最大的乐趣。

——布莱希特

李健熙在商圈里以沉稳和低调著称。据李健熙高中同学回忆，他在中学时期就是一个沉默寡言的人，与人对话，经常以简单的几个字来回答。他给同学的印象是行动缓慢，从来不会对什么表示出吃惊的态度。

李健熙的沉稳仍旧得益于父亲过早地把他送到日本留学。在偌大的东京，李健熙没有朋友，他也不能靠拆东西打发所有的时间，他把自己交给了电影院。

好像从来没有一个小孩子能坐在电影院兴致勃勃地看各种各样的电影，即便是看了也不能场场都全情投入，即便是投人，也不能把自己当成任何一个电影参与者来感受对方的心理。但是留学日本的孤独少年李健熙，就是这样一个不仅看电影，还自觉地置换角色的超级电影儿童。

从11岁到14岁，李健熙在日本留学期间看了将近1300部电影。这个数字可能是一个人一生都看不到的，而且这个数字几乎等于当时日本10年内所拍摄的电影的总和。

李健熙在日本经常受到同学的歧视，不仅是因为他不会说日语，还因为他曾是日本殖民地二等公民的后代。所以李健熙也同父亲一样，在内心深处希望祖国昌盛，有朝一日能与日本一较高下。

李秉哲时代，李家的财富堪称韩国之首，但是在日本的产业方面没什么优势，甚至还要依靠日本某些产业的扶持才能发展，比如三星电子产业最开始就是日本三洋公司电视产品的代工厂。直到李健熙接手三星，把电子产业定位主攻方向以后，三星于2005年打败了曾是世界第一电子制造商的索尼。不知道那时候李健熙的心情会怎样，在三星所有人欢呼的时候，李健熙提出了"莫忘危机"的口号。

孤独的李健熙，除了拆解和安装一些玩具和机器，其他的课余时间几乎都在电影院度过。因为在漆黑的电影院里，没有歧视的目光，买了票每个人都在自己位置上落座，看起来很公平，而且一般的电影都很有意思，这样时间就会过得快一些。

20世纪60年代正是日本电影的全盛时期，李健熙没课的时候就会带着吃的到电影院，如果是半天他就看两部电影，如果是全天他就会看四场电影，连吃饭问题都在电影院解决。

与一般孩子不同的是，李健熙无论什么影片都照单全收。美国西部牛仔的火爆或者日本电影的黑暗阴郁，快乐的生活片或者充满疑团的悬疑片，情节离奇的故事片或者枯燥无味的纪录片，这些都能让李健熙兴奋起来。

　　电影是人生百态，李健熙小小的年纪，就通过电影对人生有了很多形象的理解。他总是去深入体会角色的心理。

　　"我看电影的时候，大部分将焦点放在主角身上。想象自己就是电影的主角，随着电影情节的发展自己的情绪也不断变化，喜怒哀乐都尽量与人物一致，这样才能有更深刻的感受。"李健熙谈到看电影的感受时这样说过。

　　而且李健熙不只体验主角、配角的心情，还会把电影里每一位出场人物的命运想象成是自己的命运，甚至导演、摄影师的角度他都会考虑到，所以他比同龄的孩子早熟很多。最重要的是他通过电影理解了人生，在悲喜转换中对人有了立体的认识，在电影的制作中体味了工作的复杂和艰辛，这让一个十几岁的孩子有了一种深厚的人文情怀。

　　李健熙对电影的态度从另一方面印证了他的性格特点，思考是他生命的一部分，分析是他生活的习惯。有一种人在娱乐的时候也会有一种思考的惯性，他们不会放弃理性分析，当这种惯性延续到他事业中的时候，成功就会相伴而来。

第五章　长江后浪推前浪

- 第一节　一个字的谜团
- 第二节　质量就是生命
- 第三节　20亿韩元彰显人格
- 第四节　风浪中前行

SAMSUNG

第一节　一个字的谜团

> 思维是灵魂的自我谈话。
>
> ——柏拉图

　　一位特别熟悉李秉哲、李健熙父子的学者，曾经回忆一段往事，从这件事情中可以看出李健熙与父亲的用人之道，更可以看出李健熙是一个有智慧的人。

　　"李教授，你说'业'是什么？"一位老资格的社长问这位学者。

　　"'业'，不是指佛教中的因果报应吗？为什么问这个？"这位学者很诧异。

　　周围还有好几位社长，他们也对什么是"业"很困惑。

　　他们向这位学者解释说，刚上任的新会长李健熙对他们说，只有他们明确了各子公司的"业"是什么，企业才能获得成功。

　　这位学者听了社长们的说明，一时间也一头雾水，他们说的"业"明显不是佛教中的"业"，一定是与经营有关，但是这两个"业"在意思上一定是有关联的。学者很熟悉东方文化，对于佛教也颇有研究。他知道，印度人相信现在发生的事情都是有前因的，而现在的行动和想法也一定有一个命定的结果，这就是从印度发源的佛教的"业"的根本。

"新会长的意思，是不是要我们行动和制定经营策略的时候，多顾及未来的发展？"学者根据"业"的因果之意推测说。

"我们真的猜不透新会长的用意。教授，您说的这个意思我们也想过，不过觉得有些牵强。我们还查了其他的资料，发现朝鲜语里'业'还有'弃婴'的意思。"一位社长说。

"弃婴？"学者很是吃惊，他问："弃婴不就是被父母抛弃了的孩子吗？"

"嗯，没错。"那位社长停了停，继续说，"我查到的资料里，在'弃婴'的后面还有两种解释，一个是您说的那种，就是我们常常理解的意思，是被父母遗弃的婴孩，另一种解释就是弃婴身上带着福气，如果一个人捡到了婴孩好好收养，这个婴孩的福气就会转移到收养他的人身上。"

"所以，我认为，这个解释带着好好照顾弃婴的意思。跟新会长说的'明确公司的业是什么'是一致的。我们应该明白重点要培养什么，运营什么。"那位社长不无得意地说。

"看来对会长的提问都有不同的理解啊。"另一位社长参与进来，他说，"我对'业'就有另外的看法。诸位都知道，我负责的行业被称为'夕阳产业'，这一直令我苦恼。我的心情就像无力抚养孩子的父母那样，想把孩子丢弃掉。但是听了会长的话，我突然醒悟了，就像刚才大家说的，弃婴身上是带着福气的，而丢弃他的亲生父母不能得到这份福气，但收养他的父母得到了。我觉得我继续把我负责的这个事业发展下去，

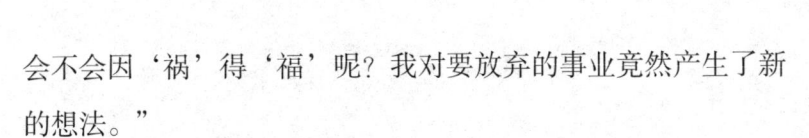

会不会因'祸'得'福'呢？我对要放弃的事业竟然产生了新的想法。"

"我们总说纤维产业是'夕阳产业'，但是我遇到一位教授，他问我，为什么把纤维产业称为'夕阳产业'？难道世界上有哪个国家或地区的人是不穿衣服出门的吗？"这位"夕阳产业"社长继续说，"那位教授说不管世界怎么变，人类对衣服的需要不会变，只是消费者的取向发生了变化，不能用单一的产品来满足他们而已。我听了这番话非常受启发，结果我们积极开发新产品，现在已经扭亏为盈了。"

看起来"夕阳"社长非常愉快，接着大家又讨论了一阵。

"现在是第二代会长了，最初我对年轻的新会长还不太信服，但是现在我受到了触动。前会长时期，我觉得我只要按照他规定的方向前进就行，可是新会长却让我不得不思考我的事业重心是什么，要取得成功我该做什么。"一位社长说。

他的话引起了大家的共鸣，虽然他们对李健熙会长提出的关于"业"的问题有各自的看法，但是在个人对各自企业发展方向和作用方面的重新认识上，他们达成了共识。

与李秉哲相比，李健熙更像宓子贱。李秉哲还没有完全放手，他还在为子公司确定目标，而李健熙则是去激发手下人才的潜能为自己公司的发展寻求方向。三星集团在这样健康有活力的气氛下发展，当然是一艘不会迷路的巨轮。

第二节　质量就是生命

　　　　失足，你可以马上恢复站立；失信，你也许永难挽回。

　　　　　　　　　　　　——富兰克林

　　即便三星集团财大气粗，5000万美元也不可能是说烧掉就烧掉的，可是李健熙的一个决定，就让这5000万美元灰飞烟灭了。

　　据三星的一个老员工回忆说，李健熙坐在飞往西雅图的飞机上，拿着一款滑盖的手机打开合上，合上打开，打开又合上，合上又打开，他不停地重复这个动作，一句话也不说。飞机降落后，眉头紧锁的李健熙给市场部经理打了一通电话，他做出了一个惊人的决定。

　　"问题手机全部召回，我们承担一切代价，从此以后绝不生产这样的产品！"李健熙果断地说。

　　原来，1995年，三星把一款滑盖手机推广到市场后，被顾客投诉有质量问题，公司接到反馈信息以后报告给李健熙，李健熙陷入了沉思。"新经营"理念的核心就是以质取胜，现在刚刚提出一年多，三星就遭遇到质量问题，这可是一个重大考验。三星能否能把自己的"新经营"理念实施到底？

大家都知道扁鹊见蔡桓公的故事。蔡桓公讳疾忌医，扁鹊最初见蔡桓公的时候对蔡桓公说："您有些小病在浅层的皮肤上，但是不抓紧医治恐怕病情要加重。"

蔡桓公不高兴，说自己没有病，还说扁鹊总是喜欢给没有病的人治病，当作自己的功劳。

10天之后，扁鹊又拜见蔡桓公。这次他说："你的病已经到了皮肤的深层和肌肉里面了，如果还不医治病情就会更加严重。"

蔡桓公更不高兴了，他坚持自己对扁鹊的看法。

又过10天，扁鹊再来拜见蔡桓公，但是当他远远地看了蔡桓公一眼就马上转身跑开了。蔡桓公差人询问扁鹊是怎么回事儿，扁鹊说蔡桓公的病已经深入骨髓，无可救药了。

5天以后，蔡桓公果然感到全身疼痛，他派人去找扁鹊，可是扁鹊早就逃到秦国去了。没过多久，讳疾忌医、自以为是的蔡桓公就驾崩了。

一个企业就像一个人的身体，不可能完全健康，而管理者的作用就是在企业出现问题的时候做出决定，是趁问题轻微及时医治，还是得过且过、抱侥幸心理自欺欺人？李健熙当然选择前者，他的"新经营"理念不能夭折，所以他做出了一个决定，那就是销毁一切影响三星品牌价值的产品。李健熙收回问题手机，承诺的退货换货当场兑现，给所有客户留下了深刻的印象。尔后，李健熙回到工厂，下令把价值5000万美元的库存都集中到工厂的院子里，李健熙亲自举锤，他带着2000名员工把这些手机砸成了碎片，然后付之一炬。在熊熊的火焰中，三

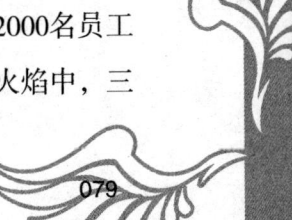

星公司所有的人都记住了"质量就是生命"这句话。

当三星的经理们把手机扔出窗外、置身于车轮下、埋在雪堆里的时候,你不要奇怪,那是他们在检验三星手机的质量是否合格。

有了这样的质量,怎么会没有忠实的顾客呢?三星就这样征服了世界。

第二节　20亿韩元彰显人格

> 国家用人,当以德为本,才艺为末。
> ——康熙

1998年,李健熙又做了一件震动世界的大事。

汽车是很多男人的梦想,李健熙也不例外。早在上世纪60年代,李健熙刚刚从美国回来,敏锐的商业嗅觉告诉他,汽车和电子领域一定能大火特火,但是父亲李秉哲更倾向于电子行业,所以李健熙深埋了自己的梦想。1994年,李健熙把深藏了多年的汽车梦变成了现实,三星成立了自己的汽车公司。但是汽车并不像电子元件那样容易突破。电子领域本来就是新兴领域,大家起步都不早,而且模仿起来相对容易,超越也比较快,所以李健熙借助电子产品上位,三星成为世界一流电子产品制造商。三星汽车公司成立之时,汽车世界豪车林立,宝马、奔驰、阿斯顿马丁、林肯、卡迪拉克、玛莎拉蒂等冠绝全球，每家公司都有近百年的历史，而汽车技术不是拆开一辆原厂车就能学会的。所以当三星汽车于1998年投入市场时，就像一条小鱼通过入海口，一瞬间就无影无踪了。而更为不幸的是那一刻正逢潮汐，小鱼很难在大风大浪里生还。因为1998年，正值亚洲金融风暴的风口浪尖，所以三星汽车出师未捷，不得不割让转卖。

就在三星汽车走向市场的那年，法国雷诺公司成了三星汽车的新当家人。1998年12月，三星公司与法国雷诺公司签署了并购合同，雷诺集团将于2000年9月购入三星汽车公司70%的股权，成为公司最大股东，公司将更名为雷诺三星汽车公司，这也就标志着李健熙雄心勃勃进军汽车领域最终失败了。

这次投资汽车制造业失败，是李健熙创业史上最惨痛的教训。当时他不听公司其他股东的劝阻一意孤行，结果给公司带来了20亿韩元的损失。就在三星汽车全体员工为失业而担心的时候，李健熙宣布捐出个人资金20亿韩元，弥补他决策失误给公司带来的损失，他得到了人们对他人格的肯定，也得到了三星集团员工对公司的忠诚。知道自己没有被公司抛弃的时候，三星汽车的员工热泪盈眶。以20亿韩元为代价，李健熙得到的是无法用金钱价值衡量的三星员工的心。

第四节　风浪中前行

自觉心不可无，自贱心不可有。

——邹韬奋

2006年2月，三星集团因为前一年被本集团律师反身检举而陷入丑闻，有了一次非正式表态。当时李健熙从国外回来，在首尔机场被记者团团围住。李健熙神情严肃，右腿打着石膏坐在轮椅上，他用低沉但又很清晰的声音对记者说："对于去年我引起的混乱我感到抱歉，我会为此负全部责任。"

2005年夏秋时节，三星集团被人举报政治献金、非法转让，李健熙和三星集团让整个韩国风雷阵阵。

经调查，1997年韩国总统竞选时，李健熙和三星集团政治献金大大超过了法律允许的范围。政治献金，就是指对于从事竞选活动或其他政治相关活动的个人或团体，无偿提供各种形式的利益，包括动产、不动产、不相当对价给付、债务免除或其他经济利益等。在各个国家对政治献金都有法律规定，目的是避免政治献金的收受与利益输送或政治腐败牵连在一起。但是在实际操作过程中，有很多政府官员因为收受了政治献金而对某个财团或经济实体有偏袒，做出了损害国家和公民利益的事情。因为接受政治献金在法律上有一定的允许范围，所以只要没有明显的利益交换和对价关系，官员得到的贿赂就会变成"政治献金"，从而成功逃避掉法律的制裁。

李健熙和三星集团在韩国民众之中的影响是举足轻重的。有人曾经这样总结韩国人的一生：出生于三星医院，就读于三星大学，使用三星电器，在三星酒店结婚，又在三星医院终老。这就是一种"三星帝国"的生活，而这种生活的缔造者就是李健熙。

"我会为此负全部责任。"李健熙说，他也说到做到了。

言简意赅，李健熙从来惜字如金，但句句掷地有声。在同年4月22日，李健熙通过全国电视直播发表了《对国民道歉和辞职声明》。道歉结束后，李健熙乘车离开，没想到三天以后，三星集团宣布向社会捐款10亿美元，其中约有8亿美元是李健熙的私人财产。这次捐款并非要减轻李健熙及三星违法的罪行，因为根据韩国法律规定，1997年的政治献金案已经过了追诉期，也就是说，李健熙不必为当年的过错花巨额资金买平安。但是李健熙还是捐出了这么多的钱，他明白，三星做了错事，就像父亲说的步步是道场，在这道场上，错了就要潜心改过。而且为了三星集团的声誉，他付出什么都是值得的。

果然，韩国民众感受到了李健熙的道歉诚意，他们对李健熙和三星集团多了一份宽容，三星的正面形象渐渐回暖。

李健熙在三星集团内部严格实行廉政制度，三星公司的职员也以正直秉公而著称，但是韩国的特殊国情使各大财团与政府之间不得不保持一种特殊的关系。

闪闪发光的三星

其实，三星集团与韩国政治高层的联系非常早。李健熙的祖父李赞宇，当年虽是一介乡绅，但是他积极参与国家政治，与李承晚政府关系密切，所以其父李秉哲的三星集团在初具规模后，因为与李承晚政府关系较好而获得很多关照，三星集团才有了迅猛发展。后来三星集团越做越大，已经不能不被政府所重视，所以三星集团和历届政府产生了千丝万缕的联系。在一个政府决定经济发展的环境里，三星集团不能不顺应潮流，与政府部门协调关系。但是他们有一个宗旨，那就是自己绝不参政。而其他的集团，比如现代集团前总裁郑周永就曾参与过总统竞选，这是三星李氏绝不会做的事情。

历来政治界就是危险区，几乎没有人能全身而退。2001年，李健熙和另外几位公司高管被指控在1989年和1992年向前总统卢泰愚行贿，被判1年6个月至2年不等的有期徒刑，缓期2至3年执行。而1997年总统大选时，李健熙公然赞助李会昌1000万美金，商人与官员的这种经济往来再次引起了轩然大波。

2007年，一个又一个惊天丑闻被三星集团前法律部主管曝光，来自于帝国内部的消息震动朝野。当时律师金泳澈说，为三星工作的那段时间是他最痛苦的时期，因为作为员工他要为公司排忧解难，而作为公民他却有义务遵守国家法律。他的工作就是找出国家法律的漏洞，为公司的利益最大化而尽职尽责。在公民的良知与公司的利益之间权衡再三，他选择了前者，所以金泳澈成了三星的叛徒，却成了韩国的英雄，政治丑闻使李健熙焦头烂额。在经营过程中为了使集团和家族利益最

大化，李健熙也会铤而走险。当然，天网恢恢疏而不漏，李健熙一次又一次被法庭传唤。

2008年李健熙因涉嫌非法转让经营权和逃税被起诉，为了向国民谢罪，2008年8月22日，李健熙宣布辞去三星集团总裁一职，连同案件中涉及到的他的妻子和儿子，也都退出了三星最核心的管理圈。他不能因为家族的丑闻影响集团的发展，这样的放弃固然是痛苦的，因为"新三星帝国"的辉煌是李健熙一手创造的，但是为了帝国的前途，该退位的时候，也绝不能留恋。

李健熙的离去，在当年世界各大媒体都占了巨幅板块，由此也证明了李健熙和他的三星在世界的地位是非同凡响的。人们感慨一代奇才如此收场，也不无好奇地观看三星帝国的命运。李健熙一家退出后，果然最大程度降低了三星集团的损失。公司的管理体系正常运行，至少没有兵败如山倒的全面溃退，人们对三星的敌意也慢慢减少。就这样以退为进，置之死地而后生，李健熙为保全三星做了最大的牺牲。

当然，世上的事总能超出想象。2009年8月14日，李健熙被首尔高等法院判处有期徒刑3年，缓期5年执行，另处罚金1100亿韩元，大约1亿美元。韩国首富被判处刑罚已经够震撼的了，但更震撼的是2009年的最后一天，李健熙史无前例地获得了总统的特赦，原因是国家需要李健熙"助力韩国申办2018年冬季奥运会"。

李健熙就是这样一个"前无古人，后无来者"的韩国传奇。

第六章　最善变的总裁

SAMSUNG

- ■ 第一节　稳中求变
- ■ 第二节　除了妻儿，一切都要变
- ■ 第三节　打破枷锁，才能戴上花环
- ■ 第四节　打好企业的高尔夫球
- ■ 第五节　0.01秒也是差距

SAMSUNG

第一节　稳中求变

> 唯一办事聪明的是裁缝。他每次总要把我的尺寸重新量一番，而其他的人，老抱着旧尺码不放。
>
> ——萧伯纳

我们不能固守某一个规定，否则我们就成了那些规定的奴仆，从而只是机器上的一个齿轮而不是开动机器的人。

据说在一个企业精英培训课上，教授没有先讲课，而是拿出一只被吹得很大的气球和一只瓶颈很细的大瓶子，学员们面面相觑，不知道教授要让他们这些行业里的优秀代表做什么。

"请问谁能把这只气球放到这只瓶子里？"教授和蔼地问，接着补充说："当然，不能让我们的气球爆炸。"

一个学员走上讲台，试图借助气球的可变形特点完成题目，可是太难了，气球圆滚滚的，气很足，很难控制力度，这个学员觉得稍微一用力气球就可能"砰"的一声爆掉，于是他放弃了。

教授继续满怀期待地看着大家，但是再没有人上台。于是教授把气球拿起来，小心地解开系住气球口的带子，当气球变成又软又薄的空口袋时，教授把气球塞到了瓶子里，但是他把气球的吹气口留在了瓶口外面。不用说，精英们立刻明白了教授的用意。

教授在黑板上写下了一个大字——"变"。

其实自从李健熙接管三星以后，他就在求变，1987年他提出的"二次创业"本身就是对过去的改变。他把三星旗下所有的公司进行整合、梳理，从三星的商标开始变起。所以从20世纪80年代末，人们看到了统一的以蓝色椭圆为底，以白色字母为中心的新标识。

当初的三星公司子公司林立，它们在三星的大旗下，就像是那个大气球，看起来很圆满，其实，根本不能装进象征着三星管理核心的瓶子里。

1987年12月1日，李健熙在父亲去世两个星期后被推举为公司新的领导人，当时他才45岁。那些元老们觉得李健熙是三兄弟中最合适的人选，但是他们不知道，李健熙虽然接过了父亲的旗帜却并不想继承父亲全部的思想，一场"三星地震"正在酝酿中。

1988年，在三星集团成立50周年之际，李健熙在盛大的庆典上尝试性地说出了自己的想法。他提出了"二次创业"的口号，希望将三星集团打造成21世纪全球一流的企业。

很多人都认为，这不过是一个含着银勺出生的富二代的狂想，他们不以为然，仍然坚持量化生产才是生命保障的旧观念。这样，李健熙的第一次宣言被消解在了公司的传统里。但是李健熙没有放弃，他一点一点地去尝试改变。

他从三星的商标开始，逐步熟悉了各个公司的特点，逐步灌输"三星整体"的概念。所以，李健熙没有破坏三星的大格局，那个气球还是完整的，但是5年之后它与瓶子合在了一起。李健熙把三星变成了一个一荣俱荣的三星，为管理者制定整体的发展目标扫平了道路。李健熙不废一兵一卒，就掌握了整个集团的重心，当他对集团了解越来越多的时候，他的管理也就越来越成熟了。

我们要做的不是改变气球的形状，而是转变拿住它的方式。瓶子里的气球虽然不一定能吹到更大，但是有了瓶子的保护，这只气球就会更安全。

第二节 除了妻儿，一切都要变

> 想出新办法的人在他的办法没有成功以前，人家总说他是异想天开。
>
> ——马克·吐温

还是那堂精英培训课，教授开始做第二个游戏。

教授请一位同学走上讲台。

"请你用这只瓶子做出5个不重复的动作，可以吗？"教授问。

一开始，这位学员不像第一位放气球的那位学员一样，犹犹豫豫地尝试，而是很果断地把瓶子拿起、放下、放倒、倒立、平移，5个动作他很快就完成了。

"请你再做5个动作，记住，不能重复。"教授并没有让这位学员回到座位上，而是继续提出要求。

这位学员很快又对瓶子做了5个不同的动作。

"请你再做5个，不过，还是不能重复。"当这位学员做完了第四次的时候，教授还是没有让他回到自己的座位上，而是继续提出相同的要求。

这位聪明的学员没有得到教授的肯定，却一再得到教授相同的要求，他崩溃了。

"不，我宁愿把它摔碎也不再让它来折磨自己了！"学员愤怒地说。

折磨人的教授当然没有被折磨的学员那么激动，他笑着请这位完成了四次任务的高智商同学回到座位上。

"通过第一个游戏，我们知道了'变'很难，在这次的游戏里，我们能知道什么呢？"教授问。

这些精英们当然都知道答案。是的，"变"很难，但是连续不断的"变"就更难。我们能让一个事物发生形状的改变、位置的改变，但是这样的"变"一定有穷尽的时候。

1993年，李健熙在老三星整合后日益兴盛的时候提出了新的理念，他提出三星要进入"新经营"时代。

"这样的生产、这样的经营，是对三星股东和18万三星员工的欺骗！"李健熙大喊。

原来，1992年，李健熙到美国考察了三星产品的营销情况，没想到在商店里大受刺激。原来索尼、摩托罗拉这些品牌

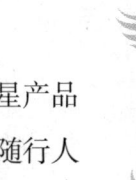

占据着大商场的好位置，价格高得惊人，而自己家的三星产品躺在角落无人问津，落满了灰尘。他很愤怒，当即发给随行人员每人1000美元，让他们去购买索尼的产品，回来进行对比，而他自己也加入了这个行列。

在美国，一支普通的高尔夫球杆售价是150—200美元，相当于一台三星13寸彩电的价格，而这两种商品的结构和成本却相差很多。一支高尔夫球杆只有不到10个部件，而一台彩电要有1000多个零部件，100多倍的部件差别在价格上丝毫没有体现出来，更过分的是一支好的高尔夫球杆要卖500美元，而一台三星27寸的彩电才卖400美元。这使李健熙沉不住气了，愤怒的他当即在美国召开三星管理人员大会。

"30000个人负责生产，6000个人负责售后服务，这样的企业能和谁竞争？"他认为质量是三星崛起的唯一选择，他一定要改变老三星"以数量为中心"的思想。

1993年，一场旷日持久的三星高管大会，在德国法兰克福召开。这是一个奇妙的会议，三星跑到别人家门口开会，而且一开就是68天。在马拉松式的大会上，李健熙平日不善言辞的那一面不见了，取而代之的是滔滔不绝的关于三星必须要变革的原因和未来变革的整体构想等话题。

"新经营"理念是李健熙经过深思熟虑后形成的。在法兰克福李健熙的书桌上，有序地摆放着他拆解过的高科技钟表的零件，凡是拜访他的人无不感到惊讶。在拆解的过程中，李健熙想到的是自己的公司如何重组，改变后是否能像这些高科技产品一样完美无瑕。

"除了妻子和孩子，一切都要变！"一向内敛低调的李健熙，喊出了震惊世界的"新经营"宣言。

在这个改变的过程中，李健熙的态度坚决到令人不寒而栗。他绝不允许有任何阻碍，也就是在这次改革中，人们发现了李健熙"铁腕"的一面。

"新经营"当然是针对"旧经营"来说的。老三星在李秉哲的时代，是靠量取胜，以薄利多销为主要经营方式。这种经营方式比较辛苦，但是比较稳妥，可是利润空间太小，想要发展就会很难。李健熙提出的"新经营"是以质取胜，改变以往靠量生存的传统方式，他要把三星定位在世界高端品牌的方阵里，而这在当时是不可能的事。公司的一些元老为了公司的前途着想，想稳步过渡，但是这种声音很快就消失了，因为发生了"茶匙事件"。

1993年6月，在李健熙提出"新经营"理念后不久，三星集团秘书室室长李洙彬提出了自己的看法，他说三星现阶段还不能放弃量的经营。三星秘书室是李秉哲时代就有的一个重要部门，这个部门专门对公司发展的方向上提出重要建议，多少年来在公司有着举足轻重的地位，而秘书室室长一定是三星最信任的人。

李洙彬当然没有恶意，因为以三星当时的条件，无论从哪方面讲都不适合做方向性的改变。在科技上三星不强，在品牌上三星也没有足够的影响力，三星的国际地位在当时也只能允许它的产品摆在大商店里的边角位置，聊胜于无而已。在这种几乎一穷二白的条件下，三星提出进军国际高端市场无异于痴人说梦，弄不好就会倾家荡产，血本无归。

李健熙听了李洙彬的建议后非常生气，丢下手中的茶匙拂袖而去，不久，李洙彬的位置就来了新人。这件事让大家看到了李健熙的决心，也让三星人知道，为了三星和自己的命运，他们不得不拼尽全力了。

1994年，李健熙下达了一项强硬的命令，他让三星电子务必研究出一款与摩托罗拉手机品质一样的手机，无论花多少钱、无论用什么手段都在所不惜！

三星掌舵人的命令就是圣旨，果然，没过多久三星Anycall就诞生了。从此，三星正式吹响了在高端手机市场里的号角。

第三节　打破枷锁，才能戴上花环

> 光看别人脸色行事，把自己束缚起来的人，就不能突飞猛进，尤其是不可能在科学技术日新月异的年代里生存下去，就会掉队。
>
> ——本田宗一郎

商场中的"变"很重要，如果不"变"就会消亡，那只气球就永远都不会被装进瓶子里。而不断地改变形状却不改变性

能，那么变来变去还是会走到尽头。只有下定决心打碎那些难以改变却必须改变的东西，才能找到出路。

给精英们上课的教授当然非同凡响，他首先打破的就是人们对课堂的既定认识，谁说课堂就是老师教、同学们记？早在两千多年前，中国最伟大的教育家孔子就提出了"寓教于乐"这样的理论，所以教育的最高境界，就是在愉悦中启发人们思考。

依旧是那堂精英培训课，教授看着那个学生愤怒地回到自己的位置，他心平气和地看着在座的同学，他从学生的眼神中看到了想要的答案。接着，教授又魔术般拿出一个玻璃瓶子，比第一只瓶子小一些，但是这只小瓶子的肚子还是大于大瓶子的瓶颈。学员们好像都明白了教授的意图，果然，教授问台下的学员谁能把小瓶子装到大瓶子里面。

有一个学员稳步走到台前，果断地拿起小瓶子摔到地上，"啪"地一声，玻璃瓶应声而碎，只见那个学员小心翼翼地拾起地上的玻璃碎片，放到了大瓶子里。

教授对学员的做法表示赞许，对课堂里其他学员的态度表示满意，因为没有人对这位学员破坏式的回答表示不满，他们也欣然接受了这种做法。

所谓不破不立，教授一步一步清除了学员头脑中的思维定式，最终交给学员一种全新的概念：变的极限就是完全改变事物的形态，彻底打碎它，这样才能获得解放，才能有更大的可能！

李健熙接手三星集团以后，在他不断求变的努力下，三星集团就是那只大瓶子，而父亲的那些旧规就是那只小瓶子。有些规定变得僵化和滞重，所以李健熙达到了"变"的最高境界，他打碎了旧的枷锁，为三星戴上了花环。

李秉喆对李健熙的影响很大，而李健熙依然在不改父亲"实业救国"初衷的情况下，对公司的传统做出了很多改变，其中最大的改变莫过于"裁员"这一条了。

当年李秉喆在波士顿大学演讲时曾骄傲地说，除了公司破产，他从来没解雇过任何一个员工。因为三星是全体三星员工的家，所以三星实行的是令其他公司羡慕的终生雇用制，就像中国上个世纪50年代到90年代末的"铁饭碗"一样，人们只要端着它，就能吃上饭。

李健熙接管三星后，也沿袭了父亲的这条制度。但是到了1997年，李健熙必须在三星集团生死之间做出选择。因为当时的金融风暴就像一场龙卷风，把韩国著名的大宇集团裹挟在漩涡中粉碎了，把韩国现代集团拉得分崩离析，三星大厦勉强支撑着却也摇摇欲坠。当年大宇和现代没能顶住金融危机，大宇宣布破产，现代宣布分裂。现代总裁郑周永的几个儿子，分别率自己的队伍独立，裂变成多个小邦，势力已大不如父亲统一之时。

李健熙召集公司高层开会，有的员工提出，要想保住三星，让三星避免像大宇集团一样破产的命运，除了开发更强的产品占领市场以外，三星必须进行裁员。

这个建议一提出来，会场陡然安静下来，不一会儿就又沸腾起来，这可是三星从来没做过的事情。而且如果解聘职员，

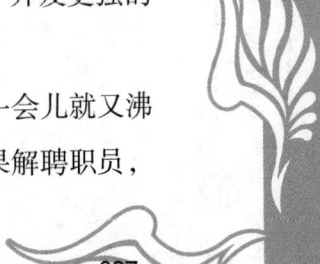

那就说明三星违背了前任会长李秉哲的办厂宗旨。

但是李健熙的时代已经开始,世界经济形势的变化与前三星时代也大不相同,所以李健熙同意了裁员的建议,因为裁员30%或许能保住剩下70%员工的饭碗,而不裁员,可能谁的饭碗也保不住。

三星度过金融危机之后,人人慨叹李秉哲的善良的同时,也都佩服李健熙的勇气。在东方文化中,让一个人抛却父亲的遗志,向来比让他移动一座大山都困难。李健熙打碎了父亲留给他的精致的瓶子,但是他拥有了一个更大更结实的瓶子。

李健熙正是用大刀阔斧的改革,把三星的大树修剪得枝繁叶茂又笔直挺拔。三星不仅改革了人事雇用制度,而且还改变了工资发放形式,他把月薪改为了年薪制,从此公司的员工更是按劳取酬,公司不再是"有福同享,有难同当"的"大锅饭"形式。因为对公司贡献大的人得到的薪水自然丰厚,每个团队每个人都在追求"今年的第一",三星的士气越发高涨,所以最终的赢家,一定是拥有这些被激发了斗志的员工的三星集团。

第四节　打好企业的高尔夫球

> 有想象力而没有鉴别力是世上最可怕的事。
> ——歌德

世界万物都有内在的联系。所以有融会贯通，所以有举一反三，但是不见得所有的人都能懂得融会贯通，都能做到举一反三。因此在万千个不懂的人和做不到的人中，你懂了并做到了，你就是一个真正的高手。

李健熙虽然是一个沉默寡言的人，但是他的爱好非常广泛。14岁那年，在李健熙的强烈要求下，父亲李秉哲终于让他回国念中学。可是回国的李健熙依然很孤独，在生活中经常不知不觉地表现出一些在日本的生活习惯，再加上好几年没用母语，在与同学交流的时候总是不自觉地说几句日语，所以他在同学当中显得很特别，特别的人往往都比较孤独，因此回到祖国的李健熙，依然没有摆脱孤独的命运。

年轻人的精力总是很充沛，而李家又是比较富有的家庭，所以李健熙就有足够的时间和金钱把精力转移到体育运动中。在众多体育项目中，李健熙对贵族运动高尔夫球的研究相当专业，作为一个爱思考的商人，他自然而然地把爱好同事业联系起来。

李健熙一直喜欢用"流"这个字，他把事物分成"流"，从一流到末流，有好坏高低之分。"高尔夫"是荷兰语"kolf"的音译，原意是在绿地和新鲜空气中的美好生活。高尔夫球是一种以棒击球入穴的球类游戏，是在优美清新的环境中进行的一种运动。高尔夫球运动的场地和器械都非常昂贵，所以高尔夫球也被称为"贵族球"，高尔夫球运动也成了贵族运动的代名词，尽管这种运动在欧洲的发起人是一群牧羊人。

英文单词的golf不知是巧合还是有意而为之，是绿色(green)、氧气（oxygen）、阳光（light）、友谊（friendship）这几个单词的首字母的缩写，不过不管怎样，这项运动被公认为是"一流"的运动。

李健熙对"一流"的追求似乎是一种本能，就像一个皇子是不可能体会一个穷苦农民儿子的辛酸的。所以李健熙要求身边的一切都要"好"，当了企业管理者后这种"好"成了企业的标准。

李健熙经常打高尔夫球，他熟知高尔夫球运动的技巧和要领。他觉得一个高尔夫球选手，每一次的练习都应该进步，都应该以一流运动员为目标。相应地，经营企业也一样，企业也必须不断地超越别人和超越自我。

李健熙认为技术指导很关键，他觉得一位高尔夫球选手如果一开始就不得要领，以后也很难把球打得又高又远。但是如果有教练来指导，再加上不断地训练，很容易就能打到200码的距离。如果再加强训练，体会要领，就会打得更远。然而要超过250码以上的距离，就要有更严格的标准了，从握杆的方式到站立的姿势都要规范，而且臂力一定要强。在企业经营中，重视技术开发、加强基础建设，包括加强员工培训，每一样都追求"一流"的道理就和打好高尔夫球的道理是一样的。

更重要的是，高尔夫球运动是一种对力度强弱有很高要求的运动，如果只擅长击球而不善于推杆，忽略细节，就不能形成很好的格局，打到最后就很容易浪费杆数，与胜利失之交臂。所以在企业经营中也不能一味进攻，还要时时关注细节问题。

千里之堤溃于蚁穴，细节决定成败。20年代90年代中后期，看着三星缓步前行，李健熙不断观察三星的整体格局，他发现三星集团追求的是大而全的规模，而没有做到精益求精，这样集团的漏洞势必过多，而且缺乏创新能力和竞争实力。

在这种情况下，李健熙开始重组三星集团的产业，进行了一次"伤筋动骨"的大调整。1998年做出了"孤注一掷"的决定，把三星的发展目标定在最有潜力的电子领域，割舍和放弃了一些牵扯精力的产业。然后他开始一杆一杆地推进，该击球时击球，该推杆时推杆，最终把三星"打"进了世界一流商圈。

1970年，三星电子为日本三洋公司代工12英寸黑白电视机，这是李秉哲靠着自己与三洋公司社长的私人交情换来的制造机会。1998年，三星还不得不从索尼或松下公司购买芯片。然而到了2003年，三星电子已经成为世界顶尖的技术创新公司，凭着那些尖端的技术，三星把曾经的"衣食父母"甩在了身后。2003年，三星电子的专利数在全球排第5，仅在美国就申报了1450项，一个数字新手上路没几年，科技创新的能力就仅次于产业大牌IBM、NEC、佳能和Micron了，而索尼、富士通都已经在他后面了。

　　李健熙对高尔夫球运动的理解当然精辟，他在企业管理中对运动精神的贯彻也是他大智慧的表现。但是同样，无论你爱好什么，只要有李健熙那样的纵向挖掘和横向联系的智慧，就会有一个好结果。可见追求卓越就会达到卓越，当你把你的爱好琢磨透彻的时候，你的事业也一定会蒸蒸日上。归根到底，行业的本质只有一个，那就是树立追求一流的信念，一点一滴进步，把握全局而又兼顾细节，那么高尔夫球也好，桌球也好，企业经营也好，学术研究也好，总有一天你会站到最前面。

第五节　0.01秒也是差距

　　　　　　放弃时间的人，时间也会放弃他。

　　　　　　　　　　　　　　　　——莎士比亚

　　人贵有自知之明，人既不能狂妄自大，也不能妄自菲薄。我们要用一双冷静客观的眼睛看世界、看自己，这样才能找到前进的方向。

"我本身就喜欢钻研很多领域，而对于被称为世界一流的领域尤其感兴趣"，"不管他有20次的欺诈前科还是20次的盗窃前科，只要那个人被称为大韩民国最顶尖的人物，我都希望能认识他"，这是1989年李健熙接受记者吴孝珍采访时说过的话。

李健熙对"第一""一流""顶尖"的一切都很感兴趣。他甚至直言不讳地说自己在日本期间曾与雅库扎集团的一流人物有过一年多的交情。

雅库扎集团就是东亚黑帮组织，有数百年的历史，在日本可以公开活动。组织最高级别的人是公选出来的教父，并通过记者招待会公之于众。雅库扎集团在日本的影响特别巨大，成员约有10万。帮会与政府关系密切，与警察关系微妙，雅库扎集团通过各种合法和不合法的手段年收入1000亿美元以上。但是无论如何，对于一个普通人来说，对黑帮还是敬而远之为好。可是李健熙作为一个外国人竟然与黑帮高层过从甚密，可见李健熙的"一流"情结有多么严重。

其实这些话和这些做法只是旁证了一件事，那就是李健熙对自己的要求极高，所以他把集团的目标也定得极高。但是李健熙与父亲不同的是，他对自己和三星的"第一"的理解有抽象和具体的区别。李秉哲希望自己做第一，他也在好多领域做到了第一，比如制糖和制衣，包括半导体研发，在他的时代他都做得很好，只是他进入了"范围第一""规模第一"的误区，所以在他领导下的三星，在一些传统项目上都是韩国第一，可是数来数去，都没有一样能拿到世界上去拼一个世界第

闪闪发光的三星

一。李健熙就不同，他看到了父亲的误区，所以他不要这种大而无用的"第一"，他要真正的"第一"。他清楚地意识到三星与世界的差距，所以他会不断给自己和集团施加压力，以保证集团永远有一种进取的姿态。

李健熙不做井底之蛙，他经常出国考察。这样做一是可以对本集团的经营有具体的了解，二是可以时时刻刻用别人的长处激励自己。

"只要我们亲眼看到了德国的高速公路、法国的核电站，我们就会清醒过来，不再错误地以为我们自己也进入了先进国家的行列。"李健熙在出席海外的会议上这样说。

1993年，李健熙的"新经营"理念刚刚提出，那时大多数三星人还沉浸在"韩国第一"的旧梦中，李健熙为了唤醒三星人，他打了一个比方。他说奥运会上百米比赛的第一名和第二名差别仅有0.01秒，但是第一和第二是完全不一样的。应该承认这0.01秒的距离是相当大的，三星就是二流。李健熙绝不会自欺欺人，因为那时候他刚刚从美国回来，躺在商店角落里的三星，根本比不上索尼、摩托罗拉等那些成名的大品牌。

李健熙提出了"鲇鱼经营论"。那是从父亲给他讲过的一个故事里受到的启发。为了多些收入，乡下农民经常在水田里养泥鳅。有的人只养泥鳅，而有的人把凶猛的鲇鱼和泥鳅放在一起混养。到了收获的季节，人们发现只养泥鳅的水田里捞上来的泥鳅又细又小、萎靡不振，而在鲇鱼和泥鳅混养的水田里捞上来的泥鳅却体型肥硕、活蹦乱跳。大家分析原因，结论是和鲇鱼混养在一起的泥鳅，为了不成为凶悍鲇鱼的美餐，就必须时时紧张防范，运动量和进食量都大于那些没有受到威胁的泥鳅，所以它们更为强壮，反之那些安全的泥鳅悠闲自在，吃得少动得少，所以它们就比较瘦小。

两块田地里的泥鳅，因为环境不同而产生巨大差别，这与一个企业的经营理念和危机意识有相同之处。所以要看到自己与别人的差距，哪怕只有0.01秒，那也有被吃掉的可能。

这是一个残酷的世界，"第一"只有一个，然而人人都要去争。在奥运赛场上，"第一"和"第二"的差别会比较明显。我们看到一场比赛结束后，各大新闻媒体一定会对冠军大肆宣传，而对亚军和季军就会"节约"很多篇幅。2012年伦敦奥运会，如果不是朴泰桓有夺金的希望，或许李健熙就不会现身奥运游泳赛场的观众席。

李健熙看到了0.01秒的差距，他奋起直追，所以三星电子成为世界上最具价值的电子品牌之一。

生活中从不缺少对手，优秀的你别忘了，0.01秒也是差距。

第七章　成功的法宝

- ■ 第一节　两倍的准备
- ■ 第二节　最好的猎人
- ■ 第三节　无敌的"木鸡"
- ■ 第四节　目标里的智慧
- ■ 第五节　人才的乐园
- ■ 第六节　给你最好的"回头草"
- ■ 第七节　高高搭起"黄金台"

SAMSUNG

第一节　两倍的准备

> 不为明天做准备的人永远不会有未来。
>
> ——卡耐基

三星有今天的成就，与创始人李秉哲的经营理念有密切关系。李秉哲作为优秀的企业管理者有许多宝贵的经验，这其中的一条就是"从来不打无准备之仗"，而且他的准备要做到"智者千虑，千无一失"。

三星第一毛织厂是三星旗下最早的三驾马车之一，1954年初创的时候，它建立在很多人心中"不可能"的基础上。三星就是一个把"不可能"变成"可能"的地方。

虽然穿衣吃饭是每个人都离不开的，但是穿好衣吃好饭却是很难做到的。李秉哲看到战乱过后，国家生产能力过低，同胞大都停留在吃饱穿暖的水平线上，想吃好穿好很困难。因为那些高品质的消费品都是外国货，国家的钱都流到外国去了。为了让更多同胞的生活条件得到改善，李秉哲转战制造业，而他主要从事的就是日常生活用品的制造。

20世纪50年代初期，李秉哲的第一制糖厂成功开办。没过多久，他发现自己国家还没有生产毛料的能力。国家领导也好，成功的商人也好，他们都穿着进口毛料缝制的西服，这种

第七章　成功的法宝

感觉可不太好。一个国家最光荣的莫过于自力更生，靠着自己的能力满足自己的一切需要，也只有这样才能不被人钳制。

外国的技术专家对李秉哲在韩国开办毛织厂的想法提出过忠告。他们认为毛纺织事业经营起来难度很大，他们提出，要建立一个毛纺织厂需要一大批专业技术人员，需要考虑工厂的选址、气候、水质等至少24个方面的问题，而在他们看来这些条件在当时的韩国都不具备。他们毫不掩饰对李秉哲空中楼阁式幻想的嘲笑，但是李秉哲给这些外国专家看了自己的考察和调研记录，并对相应问题设计了对策。这本记录手册上，不仅有专家提出的问题，还有李秉哲对建厂的一些想法，一共有48条之多，足足比那些外国专家的24条多了一倍。他不仅考虑到温度、湿度等气候条件，还考虑到电力、交通等运作条件，甚至关于人员培训的想法也在这48条里面。这个记录手册后来演化成三星工作的一个程序，被称为"建厂手册"或"对策目录"。

有了比专家更专家的领导者，三星无往而不利。很快，1954年9月15日，三星第一毛织厂在大邱成立。

当时，从澳大利亚进口的英国西装毛料价格昂贵，而李秉哲的"第一毛织"出品的毛料仅是进口毛料价格的五分之一，并且在质量上二者并无多少差别。所以李秉哲很快就后来居上，虽然他不是第一个开办毛纺织厂的人，但他却成了毛纺织领域的领头人。

为了宣传自己毛织厂的衣料，李秉哲本人成了义务宣传员，他经常穿着自己工厂毛料缝制的西服，出入各种公开场

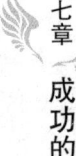

合。而不像有些老板，自己开办纺织厂，却穿着进口衣料做成的衣服四处招摇，不相信自己的人还能指望别人相信你吗？

　　让那些外国专家们哑口无言的是，没过几年，被他们一度不看好的三星纺织厂出品的毛织物，已经登陆英伦。因为李秉哲早已经想好了发展计划，他高薪聘请德国和英国的技术人员，到工厂进行技术指导，而且派员工到传统的毛织大国澳大利亚，学习羊毛纺织技术和印染技术。这些"请进来、拿回来"的技术使李秉哲一起步就与世界接轨，生产产品事半功倍。

　　第一毛织厂的成功，只是李秉哲经营理念成功的一个例子，他在行动之前的缜密思考和实地考察是他成功的重要因素。一个人能把自己的理想建立在现实生活的土地上，那么拔地而起的就绝不是空中楼阁。

　　当年李秉哲的第一家工厂是开在马山的协同精米所，他在建厂之前就多次考察，综合地理环境、生活需要和自己的投资能力，最终选择了时效性强、客流量大的粮食加工项目。买地失败之后，他在大邱开办三星商会，同中国东北进行蔬果海鲜贸易，这也是建立在自己的实地考察基础上的。后来他的项目转型，从贸易转向生产，选择的是制糖业，因为他发现食糖是人们日常生活非常重要的食品，生产食糖既利国利民又有极大的利润空间，但是韩国的制糖厂规模小而少。1953年，他依靠自主技术开办了韩国第一家制糖厂，李秉哲在韩国食糖生产国有化进程中起到了带头的作用。

　　其实，不仅对李秉哲而言，对任何人而言都一样，理想的坚持和现实的条件永远是一对连体兄弟。如果没有理想就不会有创新和挑战，也就只能跟在别人后面邯郸学步，最好也不过是鹦鹉学舌，而没有合适的条件理想就成了空想、妄想。

第二节　最好的猎人

> 一个由数以百万计的个人行动所构成的公司经不起其中1%或2%的行动偏离正轨。
> ——克劳斯比

三星的成功在于只打有准备的仗，在三星太祖李秉哲身上就体现了这一点，而这种做法已经成为三星集团工作的标签。

三星旗下的电子公司业务众多，职能部门也很多，但各个部门都配合得非常默契。早些年，公司的情报部门和半导体部门在一起办公，两个部门经常互通有无。三星半导体部门经营的主要业务是推销"区内交换台"，就是在某个单位或某栋大楼内部安装电话交换台，以及该区域内所有的线路和电话等。当时半导体部门的一位理事，通过情报部门了解到，位于大田的某家国营企业有安装这种交换台的意向，他想做成这笔生意。这位理事还了解到，与这项业务有关的一位经理每周都会到首尔探望父母，他连该经理到达首尔的时间都打听得清清楚楚。于是，这位三星半导体部门理事，亲自驾车到首尔车站迎接大田那位业务经理，并很周到热情地把那位惊讶万分的业务经理送到了他父母家。

后来，事情发展得很顺利，在那位业务经理的推荐下，三星理事顺利拿到了在该企业区内安装交换台的合同。

这件事虽然不大，但是足以看出三星公司员工做事的态度。一方面，三星员工对信息的收集整理非常到位，另一方面，其他员工都能合理地利用这些信息，大家齐心协力，为三星公司的发展做出了贡献。三星的员工会从一个生活细节中找到突破口，最后拉来一单生意。生活中每一个细节、每一个信息都隐藏着价值，关键是你能否把它挖掘出来。

还是那位半导体部门的理事，他的工作能力非常强，他每次都能采用正确的战略战术获得成功。

这一次，该理事想签下某公司一幢新建成的大楼的交换台安装合同。他了解到该公司已经有了满意的合作方，甚至已获得了董事长的批准。一般人了解到这种情况就应该知难而退了，但是这位三星理事很顽强，不到最后绝不放弃。

事情得益于三星这位理事平时与人为善的处事作风，该公司有位举足轻重的人物曾经得到过这位热情善良的理事的帮助，于是他在那家公司大楼负责人身边说了不少三星公司的好话。董事长毕竟不会为安装哪家的"区内交换台"而操心，具体操作的人还是该大楼的负责人，所以最后这位三星理事成功地从对手的手里抢到了这张订单。

三星的做法未必光彩，但是在合同没有签订之前，每个企业都还有竞争的权利。三星之所以敢去争夺这样的机会，是因为他们相信自己的产品有足够的竞争能力。

三星的每一个人都能独当一面。就拿那位半导体部门的理事来说，他最引以为豪的，就是在三星工作期间他从没怠惰放松过，从没放过任何一个开拓市场的机会。

还有一次，与第二次提到的情况相同，同样是新建的大楼，也要安装交换台，合作方也已内定，当然还不是三星。这个消息又被该理事得到了，他就想方设法地要做成这笔生意。

终于，他发现对手公司在产品上有质量问题。因此，当该工程负责人员要对对手公司的整套设备进行全面检测时，他知道此事还没有正式下结论，也就意味着这个生意并未结束。三星理事抓住对手提供的机会，争得了公平竞争的机会，最终三星凭借高质量的产品，拿到了原本不属于他们的合同。

在商言商，以质量为前提的竞争相对而言都是公平的，毕竟那是对客户负责。三星电子只是一个例子，整个三星集团都是以这样的工作作风对待工作的，所以三星形成了一个密不透风的坚固堡垒，上有英明的领导，下有敬业的员工，何愁一个企业不发展？三星电子通讯器材影响迅速扩大，短短几年，国内市场占有率就达到了65%以上。

真可谓"有志者事竟成"，如果我们也拿出三星电子半导体部门那位理事的工作态度，还能有我们办不成的事吗？

第三节　无敌的"木鸡"

大勇若怯，大智若愚。

——苏轼

舍是一种智慧，也是一种勇气；得是一种幸福，也是一种考验。

由于韩国国情的特殊，在李秉哲和李健熙父子两代人70多年的经营历程中，多次做出了"主动"或"被动"的"舍"，而每一次"舍"之后他们却无一例外地有了更多的"得"。

李秉哲创业的时代正值乱世，而且作为创业者他受到的挫折更多一些。在经过多少次的得而复失、失而复得之后，李秉哲养成了一种"木鸡"性格，而他的继承人在继承了他财产的同时也毫不犹豫地继承了这一性格。

李健熙对家族事业的历史了如指掌，他知道父亲为什么在临终前给他两条最重要的忠告，一是学会"聆听"，二是要做"木鸡"。

"木鸡"当然不是木头雕刻的鸡，而是成语"呆若木鸡"里面的"木鸡"。这个成语出自《庄子·达生篇》，庄子在这里讲了一个故事。

中国古代社会娱乐生活比今天要少得多，皇帝又不能随便走出深宫，所以经常选择一些小的角斗项目，比如斗蟋蟀、斗鸡一类的娱乐活动打发时间。斗鸡既是一种角斗项目的名称，也是参加这个项目的鸡的统称。齐宣王非常喜欢斗鸡，有一个训练师叫纪渻子，据说训练斗鸡很有一套，于是被齐宣王召入宫中，专门为齐宣王训练斗鸡。

纪渻子接受任务后，开始按自己的方式训练斗鸡。10天之后，齐宣王问纪渻子训好了没有，纪渻子回答说还没有。他训的这只鸡看起来雄赳赳气昂昂的，但是徒有其表，没什么战斗力。又过了10天，齐宣王又问纪渻子训好了没有，纪渻子的回答还是没训好。说这只鸡看到其他鸡的影子就表现得很紧张，说明那种浮躁好斗的心理还很强。第三个10天过去了，齐宣王有些着急，他叫来纪渻子。没想到纪渻子依旧给出了否定的回答。他说，这只鸡的目光里还有一些锐气，不能做到气定神宁。就这样，直到第四个10天之后，齐宣王终于等来了他想要的结果——纪渻子说鸡训练得差不多了。齐宣王迫不及待地叫纪渻子把鸡放到斗鸡场，但是他看见的是一只呆头呆脑的像木头雕刻出来的斗鸡。可正是这只木头一样的斗鸡把那些来势凶猛的斗鸡都吓跑了，成了斗鸡之王。

庄子用这个寓言告诉人们，真正的强者不在于外表而在于内心。无论对手有多强大，形势多危机，只要镇定自若，只要有泰山崩于前而面不改色的从容，就没有过不去的关，最后一定能成为最终的胜利者。

李秉哲的从商时间有半个多世纪，在这漫长的旅途中他经历过了太多波折，但是经过岁月的洗礼后，他在政坛和商海的惊涛骇浪中成为一个宠辱不惊的"木鸡"斗士。

李秉哲第一次创业时，开办协同精米所初尝胜果，但因为投资地产失败，为了偿还债务，不得不舍弃了协同精米所。那一次他因为要"得"而被迫"舍"，他舍去了自己的第一桶金，得到了一个深刻的教训。从那以后他再也不向别人借钱来发家，他失去了金钱却得到了经验。

李秉哲第二次"舍"也是因为战争。当时他通过与中国东北的食品贸易又积累了一笔资金，他不再选择具有投机性质的土地买卖，而是买下韩国酿酒厂。正当酒厂生意兴隆时，太平洋战争爆发，日本的掠夺和国内的混乱使他为了尽量减少损失而不得不放弃酒厂，而这次的"舍"，他得到了珍贵的友谊和商家用人之道的真谛——"用人不疑，疑人不用"。他还收获了让他东山再起的启动资金，因为在他避难期间，虽然企业没能发展，但是他的合作伙伴却没有放弃经营也没有放弃他，战争结束后，他们送去了在那段时间里赚的钱。

第三次"舍"让李秉哲有些遗憾。太平洋战争结束后，李秉哲再度来到首尔，但这一次不是求学而是创业。他在首尔中路二街成立了三星物业公司，主要从事进口贸易，把缝纫机、白糖等数百种生活用品源源不断地输送到韩国市场，三星物业开始扩大，成为韩国商界新秀。但是在他大鹏展翅正欲高飞之时，朝鲜战争爆发，为了家人和自己的安全他选择了放弃。这次他得到的是对"实业救国"信念的坚持。因为战争结束没几年，李秉哲放弃了他拿手的进出口贸易，而转向生产业，他认为让国家致富的根本是生产业。由此三星集团步入了一个新阶

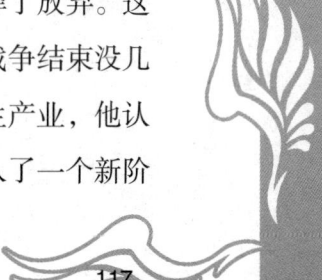

段，三星集团为韩国自主生产业的大发展做出了巨大贡献，李秉哲体会了人生理想得以实现的美好。

而协同精米所、酿酒厂的放弃和经营项目转型这样的"舍"在李秉哲的经商生涯中还不算大，1961的"舍"可谓巨大。为了摘掉朴正熙军政府送给他的"聚敛不义之财"的帽子，李秉哲舍弃了他好不容易创办的纺织厂和制糖厂，而他得到的是国家对他韩国公民身份的认同，哪怕只是暂时的。

在"糖精走私案"中李秉哲暂时"舍"掉了三星会长的宝座，却得到了三星的真命天子。因为在1965年和1966年期间，李秉哲的长子李孟熙和次子李昌熙暴露了各自致命的弱点，从而让最有实力、最适合担当重任的小儿子李健熙脱颖而出。

1980年，李秉哲和李健熙一起被全斗焕政府胁迫舍掉了东洋广播公司，但是他们得到了其他领域的相对安全。

就这样，李秉哲和李健熙父子在"舍与得"的路上循环往复，可是他们始终都没有倒下。当李秉哲离开人世后，李健熙已经有了足够的承受能力，在舍得之间他游刃有余。

如果你有壮士断腕的勇气，那就没什么打不赢的仗。

1998年，是亚洲金融界的灾难。席卷亚洲的经济危机，使三星面临空前的危机。韩元大幅贬值，三星的市值缩水蒸发。李健熙拿出了非凡的勇气改变了父亲的用人制度，三星第一次开始裁员。不仅裁员，三星还重新为自己定位，把前景不好或非公司主流的产业都割舍掉。因为三星集团参与项目过多，家大业大难于管理，技术开发也不能全面跟进，所以李健熙和三星高层给公司做了一个大手术。他们撤销了没有前景的部门，

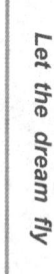

把汽车、机械等子公司转卖给其他公司，把半导体以及移动电话等高利润公司进行重组，尤其侧重数字领域的建设。

李健熙曾经说过："每次做结构调整的时候，就像从自己的身上割肉，非常痛苦。尽管如此，我们却不能不做。"

李健熙这种"把企业当作自己身体的一部分"的精神是他无限热爱自己事业的体现，因此，放弃哪一个领域对他来说都万分艰难。尤其是当三星为了集中精力发展数字科技，决定卖掉富川半导体厂的时候，李健熙更是心如刀割。

"不必考虑我个人的情绪。"在卖掉富川半导体厂的时候李健熙这样说。

原来，富川半导体厂不仅是每年销售额达4000亿韩元、净利润超过1000亿韩元的盈利公司，更重要的是它还是李健熙当年以个人名义投资兴建的电子元件厂。也正是这个工厂的发展，让李秉哲对三儿子李健熙倍加赏识。

一个人扔掉一件破衣服容易，扔掉一件仍能御寒而且还很时尚的裘皮衣可不容易。李健熙做到了，他卖掉了自己的宝贝，从此心无旁骛。正是这种特质成就了三星21世纪电子产业的辉煌。

"呆若木鸡"与郑板桥的《竹石》一诗的道理有异曲同工之妙。且看：咬定青山不放松，立根原在破岩中。千磨万击还坚劲，任尔东西南北风。

第四节　目标里的智慧

一盎司自己的智慧抵得上一吨别人的智慧。

——斯特恩

确立目标是我们生活中最常做的一件事，但是最终实现目标却不一定是常遇到的事，因为确立目标与实现目标之间除了行动以外还需要智慧，行动与智慧，两者缺一不可。

李秉哲和李健熙父子看起来比较幸运，他们制定的目标都实现了。

李秉哲要"实业救国"，在各个领域开办工厂，如第一制糖厂、第一毛织厂、三星重工业、三星综合建设、三星电子产品、三星石油化学等，三星集团最后成了韩国第一财团。李健熙要把三星打造成世界一流品牌，结果三星电子于2002年成功超过索尼，三星物产也盖了世界上最有名的几座大楼，三星的业绩不胜枚举，在世界最受欢迎的大品牌里三星就榜上有名。

李秉哲经常强调，开发一个项目不能只看到眼前的利益，要考虑到10年、50年以后的将来。

"1979年，我曾在'三星精密'工作，"一位三星员工回忆说，"那时我们的厂房还在建设之中，准备上的项目是发动机维修。可是李秉哲先生来了，他催我们尽快生产零部件，说

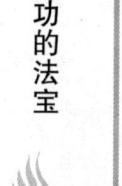

要我们尽快生产飞机。我就想，这个老总疯了吗？路还走不稳就想飞，可是1987年，我们真的开始制造飞机了！如果不是李秉哲先生给我们制定了长期发展目标，可能我们现在还是修理工呢。"

这个工人所说的话里有两重含义，一方面说明李秉哲为他们确立了长远目标，要他们生产飞机，而另一方面显示出李秉哲并不是空想，他让他们生产零件是从基础开始实现目标的。

从零件开始到一架飞机的差距非常大，但如果安排好步骤，维修厂真的能变成"飞机厂"。

日本有一个著名的马拉松运动员叫山田本一，他分别夺得了1984年和1987年国际马拉松比赛的冠军，是日本体育界的英雄。当人们问他为什么会取得这样的好成绩时，他总是用一句"凭智慧战胜对手"的话来回答，大家都认为他是在敷衍，因为马拉松不像棋牌类、体操类比赛，有鲜明的战略战术或技巧。10年之后，山田本一发表了自传，人们才明白他当年的回答并不是故弄玄虚。

原来山田本一在每次比赛之前都要乘车仔细勘察比赛路线，把沿途比较醒目的标志画下来，从起点一直画到终点。比赛的时候就以百米冲刺的速度奔向第一个目标，尔后如法炮制，第二个、第三个，直到最后一个。这样，40多公里的赛程被分解成了一些小目标，跑起来就轻松多了。

"开始我把目标定在终点线的旗帜上，结果到十几公里的时候我就疲惫不堪了，因为剩下的路太远，我被吓倒了。"山田本一这样写道。

闪闪发光的三星

目标虽是高高在上的世界冠军，但是在实现目标的时候，却是路上最具体的路标。李秉哲的三星集团，最初经常被人嘲笑是生产生活用品的小公司，尽管公司效益很好，规模很大，但是因为公司生产日用品而总被别人看不起。可李秉哲不以为然，他认为企业的目的是为了改善人民生活，生产什么不重要，生产有用的东西才重要。事实证明那些所谓的大机械生产商后来都纷纷落马，而以生活用品制造起家的三星公司却成为韩国第一。

三星从来不盲目地去争冠军，李秉哲说过："事业就像称重一样，需要非常精确的数字，即使是非常精确的数字也会随着条件、环境的变化发生意外。"所以制定目标最重要的原则就是合理性。

当然，合理的目标不一定不是高目标。李秉哲认为制定目标时可以偏高一点，这样大家全力以赴地完成目标就会使企业发展得更迅速。所以三星一般都是以发达国家或其他先进企业为目标的。

"1955年2月，我刚刚进入三星集团，在第一制糖厂工作，李秉哲先生总是特别强调与发达国家进行指标对比，"早期进入三星的一位职员说，"美国是多少？日本是多少？李秉哲先生经常这样问。"

正因为三星把工作目标定在可行的范围内，又以发达国家和先进企业为参照，所以三星集团的基础才非常扎实，在实现目标的同时也超越了目标，成功攀上了事业巅峰。

从三星集团在目标的制定上看，我们应该学习他们合理制定目标的智慧，最终达到与我们的理想亲密接触的目标。

第五节　人才的乐园

> 人才与策略不同，是无法被对手公司轻易效仿的。
>
> ——韦尔奇

谁也不愿意说自己是一个无能之辈。

你是不是一个人才呢？只能用你的实力来证明。

常言道"天生我材必有用"，是人才就要有施展才华的平台，良禽择木而栖，聪明的人都知道。

身居亚洲的三星集团就特别会打造人才的平台，它从发达的欧美国家华丽的舞台上，拉来一个个使演出生辉的"演员"，这是三星的特长。

高瞻远瞩是三星飞速超越同行的法宝，三星的智囊团强大到超乎人们的想象。1997年，三星更是聘请国外最优秀的人才成立了一个特别组织，称为"战略应变小组"，每当三星遇到重大难题的时候，这个小组就会以最快的速度拿出最好的解决方案并在最短的时间内解决问题。

李健熙是一个经营理念先进的优秀管理者，与他的父亲李秉哲一样，他从来不会放弃任何一个抓住人才、利用人才的机会。三星的智囊团由25名世界著名大学毕业的MBA组成。MBA即Master of Business Administration的首字母，就是工商管理硕士，诞生于美国，上世纪70、80年代风靡欧美。美国经济神话的创造与美国注重工商管理科学有直接关系。MBA被称为"天之骄子"，90年代以前社会地位极高，被人们视为改变商界风云的传奇英雄。据统计，美国最大的500家公司的高管人员绝大多数都是MBA。

李健熙本人就是1966年美国乔治·华盛顿大学的MBA。他学以致用，父亲对他进行的教育投资一点都没浪费，他在管理庞大的三星时毫不畏惧。当三星在世界舞台上展现风姿的时候，他一定要让三星内涵丰富，所以他用天价组成了一支MBA队伍，在战略战术上解决一切问题。

三星"战略应变小组"的成员都是精英中的精英，他们都是在全球十大知名院校中被挑选出来的MBA毕业生，三星不仅要考察他们的学习成绩，还要考察候选人的生活背景，而且每年只选10位。这些人在三星集团主要负责电子、保险、证券等不适合外包出去的事务，为相关下属部门提供内部咨询服务。

因为三星的门槛高，所以大家渐渐形成了一种要证明自己优秀就竞争"三星战略应变小组"成员的心理暗示，许多优秀人才都对三星产生了浓厚的兴趣。久而久之，在良好的人才选择循环中三星集团成了最大的受益者。

当然，奇妙的三星还有奇妙的做法。

中国科健老总郝建学与三星合作过，他说三星在1998年以后变化巨大。他说三星公司有一批特别的员工，他们可以不穿西装、不打领带，可以留长头发、留胡子，还可以不上班，他们都是艺术家。他们的任务是出主意，想办法。他们主要的作用就是设计产品的外观，工艺方面由公司另请高人。公司不怕怪异，就需要创新，这样的好点子加好工艺，三星的产品真的做到了与众不同。三星负责产品结构和外观这一部分的员工就有800多人，如此的投入生产出来的东西当然不一样，比起那些技术领先的产品，三星的东西外观更好看、结构更合理。

在三星，你总能找到适合你的地方。

所以好企业选好人，好人要选好企业，如果你有独当一面的能力，有超乎寻常的想象力，你就要找到你的舞台，在那里你将上演你人生最精彩的一幕戏。

第六节　给你最好的"回头草"

> 有德有才，破格重用；有德无才，培养使用；有才无德，限制使用；无德无才，坚决不用。
>
> ——牛根生

"不拘一格用人才"是领导者的胸怀，三星集团与韩国其他企业同步发展，但是只有三星集团越做越大，这与李秉哲和李健熙的"人才观"有直接关系。

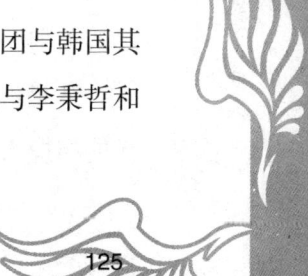

三星集团的管理层都是专业非常突出的优秀人才。从李秉哲开始，三星集团就很注重人才的培养和利用，这一点李秉哲一直引以为荣，在波士顿大学接受名誉博士学位的时候他也把这一点当作他的经验来谈。到了李健熙时代，他对人才的作用更是有自己的理解。"一个人才可以养活十万、二十万人"，这就是李健熙的人才论。

世界是人的世界，生活是人的生活，无论世界和生活怎么变，"人"是主体的事实不会变，所以只要抓住了"人"，就抓住了世界。有个孩子看《三国演义》，妈妈问他最喜欢谁，他说最喜欢刘备，因为刘备手下能人最多。仔细想想，刘备的确是一个最有管理才能的人。论资质，在曹操、孙权和刘备三人之中，刘备是最差的一个，文武都抵不过另外二人，身家背景除了有些皇族血统之外没什么可夸赞的东西，应该算是白手起家。曹操不仅有钱还文韬武略，自己就是一个能人。孙权命好，父兄留给他一片基业。所以曹操和孙权看不起刘备，可是就这样一个既没银子又没后盾的前朝皇帝的穷亲戚居然也拉起一支队伍，最后形成了三国鼎立的局面，谁能说生活没有奇迹呢？

而刘备的成功只有一条——礼贤下士。

刘备三顾茅庐请来诸葛亮，从此蜀国雄起，不得不让曹操和孙权产生羡慕、嫉妒的复杂心理。刘备手下还有誓死为他效忠的关羽、张飞、赵子龙等。

如果说三星集团是一个商业帝国，那么掌舵人李健熙就是最能招揽人才、最会使用人才的人。与刘备不同的是，李健熙自己就是诸葛亮，而他身边的人就是他的心腹大将。

李健熙为三星招纳人才是很有方法的。为了三星发展，李健熙屡次打破父亲的规定，比如李秉哲规定永不录用那些从三星离开的人，而李健熙不仅违反了这一规定，而且还重用了那些曾经从三星离职的人，最典型的就是他对三星电子总裁的任用。

李秉哲在世的时候有几项规定不能更改，比如不能在三星设立工会、坚持实行雇员终生聘任制，另外还有公司绝不再聘任从三星离职的员工的规定。到了李健熙时代，由于经营环境改变太大，1998年三星为了生存，只能打破李秉哲的规矩，开始大量裁员，但是他们也不是绝情绝义，在裁员之后公司还是成立了特别的部门想办法安置那些被裁掉的员工，有时还会牺牲自己的一些利益。而"不再聘任从三星离职的员工"这一条也被李健熙打破了。

李健熙始终认为人才的价值不可估量，他看中了公司旧员工尹钟龙的能力，特别邀请尹钟龙为三星效力，一时间引发各种争议，因为这是李健熙对父亲权威的一次挑战。但是亲情归亲情，生意归生意，对李秉哲最大的孝顺就是保住他辛苦一生创下的家业。

尹钟龙毕业于麻省理工学院，他的专业修养极高，哲学和历史等人文科学造诣颇深，他非常欣赏拿破仑。他的个人气质对他后来担任三星要职有很大的影响。

尹钟龙是比较早就加入三星的员工。1966年，20岁刚出头的尹钟龙进入三星，从李秉哲时代就担任三星电子部门的重要

职务。1969年三星电子成立以后，尹钟龙专门负责电子产业这一领域，三星电视机、录像机等电子产业的一线上从没少了尹钟龙的身影。

1981年，三星电子将盒式磁带录像机事业推向了世界顶尖行列，这其中就有尹钟龙的功劳。当时，三星的影音播放系统制造能力与世界一流水平还有一大段差距，但是尹钟龙是一个特别懂得电子技术的人，曾经有人说尹钟龙是闭上眼睛都能把VTR电路图画出来的高手。后来由于市场竞争太过激烈，李秉哲对三星电子业绩不佳表示出了不满，尹钟龙不能在短时间内改善，又得不到老板的理解，所以他就从三星公司请辞。

但是李健熙上任以后，对尹钟龙在三星做过的一切都很了解，他知道尹钟龙是他所需要的那种既懂技术又懂管理的复合型人才，所以他仿效明君将尹钟龙再度聘请回三星集团，主要负责三星在日本的电子业务。

1996年，曾经有过22亿美元利润记录的三星电子滑到了破产的边缘，董事会一封急召，把尹钟龙叫回韩国执掌三星电子帅印。临危受命，这个看起来像乡下大叔一样的人毫无惧色，很快就想出了有效对策，他力挽狂澜，化腐朽为神奇，把三星电子变成了三星集团的聚宝盆。

尹钟龙对三星的影响非常大，他对三星电子的经营甚至影响了整个三星集团的结构。因为三星集团太大，业务太分散，导致整个集团抗击市场的风险能力降低。尹钟龙对三星的核心业务进行了重组，他与李健熙一拍即合，使整个三星集团的发展方向变得清晰。李健熙对父亲的制度的改革也主要来自于尹钟龙的想法，裁员建议的提出者就是尹钟龙。那一阵三星电子可谓"血雨腥风"，管理层和非管理层都裁员30%，大大减少了支出，加上尹钟龙大刀阔斧地把库存低价销售，又大力削减低端产品，三星电子在金融风暴中竟然奇迹般地起死回生。尹钟龙接管三星电子仅仅一年就扭亏为盈，证明了李健熙"一个人才能养活十万、二十万人"那句话的正确性。

1999年以后，三星电子已经成为能向索尼、摩托罗拉等世界知名品牌发起强有力冲击的后起之秀。进入新世纪，李健熙与尹钟龙的合作更是天衣无缝，在全球高端电子市场上，三星总是率先推出新产品抢先占领市场，可以说没有尹钟龙就没有三星电子的今天。

当然，尹钟龙能为三星崛起立下汗马功劳，也是因为三星集团给尹钟龙准备了最好的回头草。尹钟龙在三星电子可谓一人之下万人之上，他最后担任了三星集团结构调整委员会会长、三星电子副董事长兼CEO。尹钟龙在三星集团的突出表现也让他获得了无数盛誉，他曾被全球销量第一的商业类杂志《商业周刊》评为全球最佳经理人，与他一起上榜的是苹果的史蒂夫·乔布斯、雅虎的特里·萨默尔和英特尔的克雷格·贝瑞特、星巴克的奥林·史密斯。他还被美国权威经济类杂志《财富》评为年度亚洲商人，被素有英国金融晴雨表之称的《金融时报》评为最受尊敬的企业领导人之一，美国专业财经周刊《巴伦周刊》也曾经把尹钟龙评为全球最有影响力的30名CEO之一。

如果不是李健熙打破传统观念，给尹钟龙准备了丰厚的

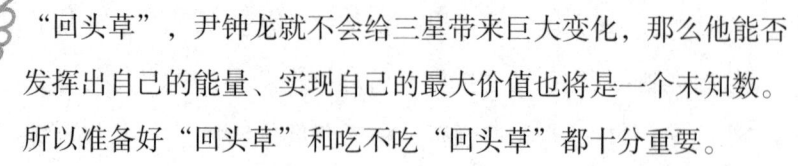

"回头草",尹钟龙就不会给三星带来巨大变化,那么他能否发挥出自己的能量、实现自己的最大价值也将是一个未知数。所以准备好"回头草"和吃不吃"回头草"都十分重要。

一个人如果有能力,那么一定要找到自己的位置,即使吃了"回头草"也是"好马"。

第七节　高高搭起"黄金台"

> 带走我的员工,把工厂留下,不久后工厂就会长满杂草;拿走我的工厂,把我的员工留下,不久后我们还会有个更好的工厂。
>
> ——安德鲁·卡内基

1998年,李健熙在负债累累的情况下,除了不顾人们反对在奥运会上砸下大笔美元之外,还到处花钱聘请人才。三星公司一边大举裁员,另一边花钱雇人,形成了一个非常矛盾的局面。

当年三星的研发队伍从600人增加到1000人,注重创新科技和始终重用人才是李健熙管理的两大诀窍。为了吸引高素质的人才,三星率先在韩国实行了年薪制和绩效制,就像燕昭王的"黄金台"一样,引发了"士凑三星"的局面。

尹钟龙、李润宇等国内知名企业的管理人才蜂拥而至,在

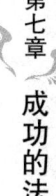

国外的精英也慕名归国，最著名的就是身在硅谷的陈大济，他放弃了世界科技心脏的位置回到祖国，投入三星的怀抱，为三星科技发展立下赫赫战功。据统计，三星集团位于京畿道水源的研究中心里容纳了3000多名拥有博士学位的研究人员，所以才有21世纪三星的岿然屹立。

《战国策·燕策》记载了燕昭王招揽人才的故事。相传齐宣王7年，公元前314年，燕国发生内乱，因为燕国国君哙偶发奇想，要效仿尧舜禅位，把国君的位子让给丞相之子。这是一个昏君的儿戏，时过境迁，从禹开始就是一家之天下，几百年过去已成习惯，禅让不再可行，但是哙却一意孤行，结果给燕国带来了灭顶之灾。先是燕太子平愤愤不平，联络一位燕国将军讨伐子之引发内乱，后是齐宣王乘人之危攻打燕国。齐军长驱直入，活捉子之把他剁成了肉酱，杀掉了罪魁祸首燕王哙。燕国就要灭亡，好在还有一群效忠燕国的子民，齐王不能把百姓杀尽，不得已退出燕国，燕太子平登基，就是燕昭王。燕昭王对齐国恨之入骨，一心想报仇，他懂得强国必须靠人才的道理，但是燕国国力弱小，地理位置还很偏僻，根本不会有人才来投奔。

燕昭王拜访老臣子郭隗，郭隗给他讲了一个故事。古时候有个国君最爱千里马，他派人四处寻找，找了三年都没找到。他的一个侍臣听说远方有一匹千里马，就请国君给他1000两黄金去买那匹千里马。没想到侍臣回来的时候带回来的却是那匹千里马的马骨，这副马骨竟然花去500两黄金，国君大怒，要重罚侍臣。"人们听说您肯花500两黄金买马骨，还担心没有

第七章 成功的法宝

131

活马送上门来吗？"侍臣不慌不忙地对国君说。不出一年，国君得到了来自四面八方的千里马。

"您就把老臣当作马骨吧。"郭隗对燕昭王说。

燕昭王采纳了郭隗的建议，拜郭隗为师，还为郭隗建造了华丽的宫殿。接着燕昭王搭起招贤台，将黄金置于台上，从此有了燕昭王"黄金台"纳士的说法。不久以后，引发"士争凑燕"的局面，魏国的军事家乐毅、齐国的阴阳家邹衍、赵国的游说家剧辛等都成了燕国的砥柱。这样，一个内忧外患、破败不堪的小国几年之后就发展成一个富庶安乐的强国。时机成熟的时候燕昭王起兵伐齐，将齐国打得落花流水，只剩下了两个小城。

得人者昌，有了人才就不愁美好的未来。

"我要辞职！"

"什么？为什么？对公司有不满的地方吗？"美国IBM公司的一位官员对这位辞职的员工非常不解，"你是我们非常需要的人才，我们可以给你增加年薪！"

"不，我不能继续留在IBM了。"这位提交辞呈的员工斩钉截铁地说。然后他解释了辞职的理由，"我儿时的梦想就是能为祖国超越日本做点事！"

不管IBM瓦特森研究中心如何挽留，这位员工还是坚决地离开了，他就是韩国人陈大济。

1985年10月，当陈大济知道自己的国家有一家公司要开发动态随机存储器的时候，他就下定决心为这家公司做事，因为在他看来只有在自己国家的公司里搞研发，才是真正的为国争

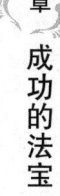

光。辞职以后他立即到了美国的三星公司，从而为三星公司超越日本做出了卓越贡献。

陈大济是美国斯坦福大学电子工程学博士，1981年在惠普IC实验室做研究员，1983年7月到1985年10月期间在IBM瓦特森研究中心工作，当时他非常受IBM的重视。1980年10月，为了实现自己童年的梦想，他进入三星提供的科研平台，很快为三星开发出4M动态随机存储器，使三星几乎和日本同步。最大的功劳是在他的带动下，三星领先一步，把16M动态存储器的商用化产品推向了市场，这震动了全球的半导体市场，让三星一举成名。

三星像燕昭王一样搭建了高台，给那些想要实现梦想的人创造了机会。陈大济的加盟开创了三星半导体事业的黄金时代，他是三星电子晋级全球占有率第一的最大功臣。十多年来，全世界究竟有多少人成为陈大济主持开发出的DRAM储存器的用户根本无法统计，而这位海归博士为三星创造的价值也同样无法统计。所以三星公司把高台上的"黄金"赏赐给陈大济这样的人才是理所应当的。

1985年，刚刚33岁的陈大济一进入三星就享受理事级特别待遇，两年之后被任命为存储器业务的总经理，1989年正式成为三星理事，1992年升任为常务理事，1994年又升为专务理事，1999年的时候已经成为三星电子副社长，2000年成为代表理事兼社长，陈大济迅速被提升，这就是三星对人才的承诺。陈大济不仅为三星带来了效益，也成了民族英雄，在三星提供的平台上陈大济"一定要战胜日本"的人生理想在他的领域实现了。三星也借助陈大济这样的人才开创并巩固了自己在半导体行业的先锋地位。

看到今天的三星电子，谁能想到在1983年美国和日本在半导体产业非常成熟的时候三星还是"半导体盲"呢？只要平台搭得好，有了人才就有了一切！三星给人才"黄金"的时候绝不吝啬，2001年，三星电子分配股票时领导层配售非常优惠，尹钟龙和李赫洙购买选择权为10万股，陈大济和另外一位技术开发工程师李润雨为7万股。

另外还可以补充一句，2003年，陈大济离开三星集团，因为他已经成为韩国信息产业部部长。如果你找对了平台，你的前途也会同样光明。

第八章　生活是幕反转剧

SAMSUNG

- ■ 第一节　抓住0.6秒
- ■ 第二节　潜藏的危机
- ■ 第三节　疯狂的制度
- ■ 第四节　问你没商量
- ■ 第五节　重新认识自己

SAMSUNG

第一节　抓住0.6秒

> 只有愚者才等待机会，而智者则造就机会。
>
> ——培根

0.6秒是什么概念？正常人一眨眼的时间约是0.1秒，0.6秒就是眨6次眼睛的时间。这短暂的瞬间却能发生很多事情。

2010年欧洲亚得里亚海篮球联赛的决赛现场，在离比赛结束只有0.6秒的时间里上演了一场大反转的精彩好戏。

距比赛结束只有8秒的时候，贝尔格莱德游击队队员痛失两次罚球机会，而对手却来了个要命的三分远投。74比72领先后对手得意忘形，开始庆祝球队夺冠，他们忘记了还有0.6秒比赛结束的哨声才会吹响。最挑战人的心脏功能的那一刻在0.6秒内出现了，游击队队员，来自塞尔维亚国家队的后卫杜尚凯茨曼，利用最后的0.6秒投中了超远距离的三分，场上瞬间安静下来。

还有比这个结果更不可思议的事情吗？

0.6秒能改变一场球赛的结局，所以0.6秒也很重要。如果你能认识到这一点，就离成功又近了一步。

"我们如果不能在0.6秒的时间里让顾客停下脚步，在市场竞争中就没有胜利的可能！"李健熙激动地说。

第八章　生活是幕反转剧

闪闪发光的三星

"时间就是金钱",你可以理解为抓紧每一分每一秒去生产,也可以理解为留住客户的每一分每一秒,来争取他们为你掏出钱包。不得不佩服现代商场的科学与精密,据统计,顾客对柜台内特定商品的平均留意时间是0.6秒,不知道是谁用了多长时间来做这样的统计,但是这个"0.6秒"的结论却为每一个明白它意义的人带来了无限价值。

2005年5月14日,李健熙在设计之城——意大利米兰召开的设计经营战略会议上指出,企业对自己的"设计"已经到了势在必行的阶段。他还说,三星的竞争水平仅仅是"1.5流"的。显然,李健熙了解三星企业在设计方面的成绩和不足,他把三星定位于一流和二流之间,也就是说他要三星更上一层楼,真正走进世界一流的队伍。因此他提出三星要在0.6秒留住顾客的设计要求。

三星的设计队伍在全球都非常有名,高达几百人的设计团队无时无刻不为三星改头换面而冥思苦想。

李健熙对"设计"有着全方位的认识,他不仅在三星产品的设计上投入巨额资金,在品牌提升上他也舍得花钱。

李健熙是一个非常有品牌意识的商人。1988年韩国的首都还叫"汉城",没改为"首尔",所以习惯上都把当年的奥运会称为汉城奥运会。汉城奥运会是三星命运的又一个转折点,借助天时地利人和,三星走进了全球视野。

1987年,在汉城奥运会筹备之时,三星还是日本三洋电器的代工厂,李秉哲对于三星的从属地位一直耿耿于怀。其实,三星进入电子产业领域的决定是李健熙提出来的,后来经过父

亲和大哥的考察，三星确定了半导体经营项目。李健熙对新生的科技一直很感兴趣，尤其是对电子和汽车情有独钟，但毕竟当时父亲李秉哲才是三星的总掌门，所以他能做的只有等待。当父亲去世以后，李健熙开始按自己的构想设计三星。

李健熙在美国主攻MBA，第二专业就是传媒，这可能是他对媒介宣传的作用更了解的原因。在李健熙看来，1988年汉城奥运会是三星"鲤鱼跃龙门"的一个绝好契机。三星在1986年就做了汉城亚运会的赞助商，公司在亚洲的地位已经上升，他一定要紧紧抓住奥运会在本土举办的这个好机会。

"去调查一下其他赞助商参与奥运会的方式！"李健熙吩咐下属，"我们要全面提升三星的品牌形象。"

三星也不是贸然挺进奥运赞助行列的，他们学习和研究了那些奥运赞助商的经验，最终把三星与五环标志联系在一起，成了世界瞩目的焦点。数据显示，李健熙的奥运牌打得很成功，三星1988年销售额达到20.1万亿韩元，比上一年增加了2.07万亿韩元，而税后利润也从上一年的2211亿韩元增加到了3411亿韩元。

三星学习到的是一种拳头打法，他们从可口可乐和IBM的奥运战术中发现了一些奥秘。尤其可口可乐是一个相对单一的领域，正因为单一反而集中了人们对这一品牌的关注。而三星业务太过多元化，尽管表面上看每个领域都不错，但是如果想全面宣传那就好像把一束各种各样的鲜花推到人们眼前，让人一时之间不知道选什么好了。

"奥运营销要有重点！"李健熙说。

最终三星将重点锁定在直接针对个人消费者的Anycall手机业务方面。因为三星不能把巨额资金换来的注意力分散到一束杂色的花束上去，那是"一种可怕的浪费"。

三星重拳出击，果然通过奥运会敲开了通往世界超级品牌道路的大门。1988年汉城奥运会后，改版后的蓝色背景上面的英文"SAMSUNG"使人眼前一亮，韩国的奥运会和韩国的三星都留在了人们的记忆里。

1998年，亚洲金融风暴中三星打破旧制，解雇了上万名员工，但是却为奥运赞助了4000万美元，三星成为长野冬季奥运会的TOP赞助伙伴，取代了锐气逼人的摩托罗拉。当时三星Anycall手机占全球市场份额的2.7%，5年以后已经升至12%，名次由1988年的第九提升到了第三，三星人都觉得这是奥运营销起到的作用。

TOP计划，是1985年国际奥委会为保证奥林匹克运动有充足稳定的财源推出的一个市场开发计划，每四年一个周期，含一届冬季奥运会和一届夏季奥运会。计入TOP计划的企业将在此期间获得丰厚的利益回报，比如在全球范围内使用奥林匹克知识产权、开展市场等，尤其是成为TOP合作伙伴以后，该企业在产品、技术和服务等方面会具有特别优先权。

三星能加入TOP计划本身就是一种身份的象征，因为"TOP"有顶部、顶点、精华的意思，所以进入TOP计划的企业必须是商业精英。TOP计划规定每期的赞助商总数都会严格地控制在10个到12个之间。加入TOP计划的企业必须具有良好的形象和卓越的服务能力，并在世界处于领先地位，这些企业要对奥运会的顺利进行提供帮助和保证。

1996年，李健熙成为国际奥委会委员，他的第一项工作就是加快三星成为TOP合作伙伴的脚步。李健熙的这一想法在三星内部是有争议的，因为在1997年亚洲金融危机中三星虽然没倒下，但也负债高达170亿美元。

"要让三星品牌家喻户晓成为世界顶级品牌，TOP是必须的一步！"李健熙斩钉截铁地说，他没有对异议者让步。

最终，三星用4000万美元拿到了TOP合作伙伴的入场券，之后继续投入了巨资进行广告宣传和营销。事实证明奥运会的影响力的确不容小觑，1999年长野冬奥会后，三星电子的通讯产品的销售额从1998年的39亿美元上升到52亿美元，而在2000年悉尼夏季奥运会后的第一年，三星通讯产品的销售额又增长了44%。三星保留了在TOP计划中的席位，2005年，三星品牌价值已经增至149亿美元，世界排名第20位，超过索尼成为全球最有价值的消费电子品牌。2007年的时候，三星与国际奥委会签订了8年的赞助合同，因此从2008年开始，奥运会上就少不了三星的身影了。

"酒香不怕巷子深"的时代早就一去不返了，东方式的内敛思维在现代社会灯红酒绿、色彩缤纷的时代很容易被淹没，所以打造好品牌形象并把自己的品牌形象成功地推广出去才是最好的方式。适应社会环境是生存的第一原则，因为整个大环境是不能以个人的意志为转移的，当你不能改变环境的时候，就必须改变你自己。

在人潮人海的赛场上，硕大的三星标志不难让你停留0.6

秒，有了这0.6秒，你在商店里为三星驻足的时间就一定会超过0.6秒，或许你就把你的钱留在了那里。

人生有许多个0.6秒，你能在哪一个0.6秒改变命运呢？

第二节　潜藏的危机

> 人生如逆水行舟，不进则退。
> ——梁启超

江河湖海浪滔滔，要有胆识和本事才能过险滩绕礁石。乘风破浪时要注意两点：一是要时刻存在一种危机意识，二是行动的时候要小心谨慎。

三星集团自上而下常常都被一种危机感包围，这源于李健熙对"危机"的超级敏感。

"危机总是在最骄傲的时候到来。太过自信所引发的退步会导致我们无法进步。"李健熙常常这样劝诫三星员工。

2001年，秘书向李健熙报告了一个好消息。当年，三星电子的营业额是32兆3803亿韩元，净获利2兆9469亿韩元，而多年来的对手索尼的营业额虽然比三星多很多，相当于韩元75兆7072亿，但是索尼的盈利却仅有1528亿韩元，也就是说索尼当年的利润才是三星电子的5.18%。

让秘书不理解的是，多年来一直想战胜索尼的三星老板一点儿也不兴奋，反而还把脸板了起来。更为奇怪的是，三星员工在不久以后收到了公司的新规定，是五条戒律。分别是：不夸耀公司，不接受往来公司的高尔夫球招待活动，不接受毫无理由的奖项，不需要过大的个人庆祝活动，聚会时避免过多的言论。

李健熙不愧是伟大的领导者，"胜不骄，败不馁"这一简单的道理，人们往往说得容易，却很难做到。记得有一个动画片，叫《骄傲的大将军》，里面讲了一个英武威风的大将军在打败敌人以后就骄傲自大，每天只顾享乐，兵器都生了锈。等到敌人卷土重来的时候，骄傲的将军还以为当年的雄风犹在，自负地要拿起长枪披挂上阵，结果他连枪都拿不动了，最后因为太胖在逃跑的时候钻不出狗洞，成了敌人的俘虏。

居安思危，简洁明了地说出了人生之道。李健熙在听到公司取得重大突破的时候，不是与员工一起举杯庆祝，而是以平静的心态做出了准确的判断。他觉得这并不是最后的胜利，而且商场也没有永远的胜利者。他知道三星当时在技术上仍然与索尼有一定的差距，所以这一次的利润差说明不了什么。况且索尼的销售额比三星高出很多，说明索尼的市场占有率非常大，这更不能让李健熙感到轻松。

果然，三星并没有真正超过索尼，第二年三星的销售虽然同比增长，但是与索尼相比仍有差距。李健熙对一切洞若观火，他从没放弃与索尼的较量，所以在产品开发和宣传方面更加大了力度，终于在2005年的时候实现了真正超越，三星超过索尼，成为世界最大的电子消费品牌。李健熙在2001年的表现一直被传为美谈，索尼有这样一个对手也真是不幸。

当然，索尼会败给三星，三星也未必不会输给别人，所以在危机四伏的商场，三星集团步步为营、小心谨慎。

李秉哲和李健熙父子都以稳健著称，李秉哲每做一个项目都要经过反复考察，而且还创造性地成立了三星秘书室，目的就是对会长的不明智行为有一个约束。虽然李健熙也有过一意孤行、不合时宜地兴建三星汽车的做法，但绝大多数的决策都是李健熙深思熟虑后的结果。在三星，人人都把质量看成生命。如果对产品质量不满意，三星会把问题留在产品还没流向市场之前处理掉。

三星会把有质量问题的冰箱、电视、手机等任何产品推到员工面前，让大家一起动手摧毁这些有可能要了三星命的坏家伙。

"即使是石头建成的桥也要看看是否坚固才能过去。"这就是李健熙和三星人做事的风格——想起来大胆，做起来小心。把祸患消灭在萌芽状态是最明智的做法。

雄鹰也有折翼的时候，骏马也有失蹄的可能，如果不能时刻以完美主义要求自己，那么掉以轻心的结果就是葬送自己。李健熙的危机感不仅来自于电子技术飞速发展，日新月异，他的忧虑还来自于世界很多超级品牌的纷纷坠马。摩托罗拉早已不复当年风光，英国汽车品牌全面沦陷，他一直比较关注的日本企业也出现了危机，超过索尼固然高兴，但是近年来丰田汽车的大量召回也让李健熙有了危机之感。

2009年，在美国，丰田的得意之作雷克萨斯因为油门卡住，一辆载有四个人的汽车以125公里的时速开往人生的终点。车上的乘客是一个幸福的三口之家和孩子的舅舅，当时那个孩子才13岁。事故发生以后，全美哗然，汽车界哗然，世界哗然，而丰田社长丰田章男的心情更加灰暗。2009年前10个月丰田汽车在全球的召回车辆已经达到625万余辆。2012年10月21日，丰田又在全球范围内召回问题汽车153万辆，问题是刹车总泵油封有问题，存在安全隐患。

"质量比数量更重要"，丰田章男提出了这一口号，希望把错误停止下来。在丰田发言人一次又一次的道歉中，丰田在大众中间丧失了信任，丰田痛苦地宣布放弃夺取全球市场份额15%的目标，落寞地退出全球销量第一的争夺战。

"在全球经济动荡不安的情况下，即使是最优秀的企业也可能崩溃，三星的前途一样堪忧。"当时丰田召回门发生后不久，李健熙在接受韩国媒体采访时这样说。

让三星二度崛起的原因就是李健熙意识到"质"与"量"之间的关系，早在20年前他的"新经营"理念就是以"质"为根本，他改变了从前以"量"为目标的旧观念，因此他获得了成功，拯救了三星。三星在1988年以后，虽然集中了经营项目，并以新兴的数字领域为重点发展对象，但是李健熙的"新经营"理念没有变，所以三星成绩不断刷新，目前三星有将近20种产品全球市场占有率居世界首位。

"三星现在推出的产品和业务在十年之内会消失大多数，我们处于一个真正的危机时代。"李健熙在2010年复出重新执掌三星帅印时说，"我们应该重新开始，没有时间可以浪费了！"

李健熙的话绝不是危言耸听和故作谦虚，就在3年后，电子产品已经发生了很多变化。李健熙的担心不无道理，曾经是三星主要业务的LCD液晶显示屏，在2011年经营亏损达到9亿美元，更加先进的OLED，即有机发光显示器屏幕在5年之后将取而代之已成趋势，这一结果将使三星投资超过百亿美元的液晶面板产业永远消失。

在输给对手之前绝不能输给自己，我们能做的就是在"质"上不断完善自己，在深不可测的生活之海里，只有自己无懈可击，你的船才有可能一直航行。

第三节　疯狂的制度

> 异想天开给生活增加了一分不平凡的色彩，这是每一个青年和善感的人所必需的。
> ——巴乌斯托夫斯基

2013年4月下旬，网上有条消息，说英国有一个小伙子得到了一个最好的职业，那就是水上滑梯测试员。他要做的就是周游世界，在每个大型的水上乐园里感受水上滑梯的滋味。旅费和水上滑梯的游戏费用都由公司承担，而且还有一份几万英镑的工资。小伙子应聘成功以后脸上的笑容像阳光一样灿烂。

能够免费去玩儿，还能拿到报酬，这可真是个好工作！

其实，近些年好多游乐场、美食公司、有旅游栏目的杂志社都设有这样的岗位，被招聘上来的人拿着公司给的钱免费吃喝玩乐。你也许会疑惑，难道这些公司的领导脑子坏掉了吗？当年李健熙在三星设立这样岗位的时候，三星职员也都这样想。

三星集团有一个特殊的制度，叫"地区专家制度"，尝试期是在20世纪80年代初期。

什么是地区专家呢？就是对某个地区或国家的体制、经济、文化、市场、人际交往等各方面特别了解的人。三星集团的目的是冲出亚洲，走向世界。常言道"知己知彼，百战不殆"，所以李秉哲父子大胆地开始了一项耗资巨大却收效甚缓的计划。

他们从公司选出一些年轻的男性职员，为他们提供经费，让他们到国外去生活一年。公司没给他们安排什么具体任务，他们想干什么就干什么，以交朋友和学习所去国家地区的语言文化为主。一年以后回到韩国，再用两三年的时间深入了解自己所去的国家，然后再到该国家工作。

一开始，很多人都觉得不可能，他们不敢相信一个大公司能做出这样的傻事儿。

"太奇怪了，三星为什么这么做？"

"白拿钱让人去外国玩儿？不会的，绝对是听错了！"

"出去玩儿，那谁干活啊？"

三星的做法的确匪夷所思，当时韩国社会上喊得最响的口号就是"出口立国",企业都掀起了一阵生产浪潮。工人们加班加点,连节假日都不休息,这个节骨眼上三星居然逆潮流而上,这的确让人觉得不合时宜。

当时三星虽然规模很大,但是有很多子公司都是负债经营,李秉哲父子和很多高级管理人员深知公司的情况,所以这个时候启动这样的计划,不仅一般人不理解,就连三星的一些高管也不能接受。

几年以后,三星不仅没有取消这一实验,反而在1991年9月正式推行"地区专家"计划。三星向外界宣布,未来的5年里,公司计划投资1亿美元,每年选派400名新聘任的男性员工到世界45个国家和地区,实现"地区专家"目标。这些员工可以任选国家或地区,公司为每人提供5万美元的经费,在国外的计划可以自己制定,但是要遵守三星公司的一些原则。制定相关原则是为了避免职员出国以后真的变成单纯的度假,比如公司规定他们必须广交当地朋友,不许住高档宾馆,可以单独租房或与当地人合住,但是不能长期居留于某地,要隔两三个月就换一个地方。在派遣期间可以上学,主要学习该国家或地区的语言,可以利用周末的时间旅游。员工可以参与当地人聚会,与当地异性交往,与当地企业建立联系等。

这些三星员工像星星一样散在世界各地,他们看起来轻松自在,但是他们非常敬业,他们深知自己是公司长远战略目标的一部分。

有一个员工曾到中国台湾地区一年,他的目标就是"把自己变成一个台湾人"。他刚去的时候一句中国话都不会说,但

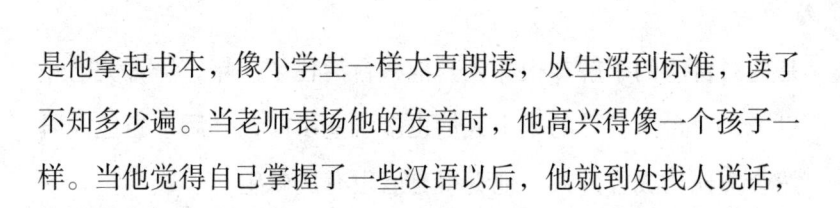

是他拿起书本，像小学生一样大声朗读，从生涩到标准，读了不知多少遍。当老师表扬他的发音时，他高兴得像一个孩子一样。当他觉得自己掌握了一些汉语以后，他就到处找人说话，从手脚并用到应对自如，不知闹出过多少笑话。

茶文化是中国的特色，有一次这个员工跑到一家女大学生经常光顾的茶馆，点了台湾名茶"东方美人茶"。"东方美人茶"是台湾特产，又叫"膨风茶"，是半发酵青茶，因为白毫明显，所以又叫"白毫乌龙茶"。当年英国茶商把这种茶献给英国维多利亚女王，茶香醇厚甘甜，茶色黄澄清透，女王赞不绝口，赐名"东方美人茶"。这个"美人茶"还有使人"美"的意思，常饮此茶有抗衰老、美白、瘦身的作用，所以深受女大学生青睐。

但是这位从韩国来的三星男员工既不知道这茶的功效，也不知道该怎样品尝，只能一边看，一边学。服务员跟他说"东方美人茶"分大、中、小三种，问他要哪一种，他想大的可能太多，小的又可能太少，就要了一个中的，没想到，这个"中"的足足有一升那么多。他偷偷地看旁边的女大学生怎么喝，但是他只看到女大学生要了两个托盘一样的东西，没看懂她怎么用。为了不让自己显得没见过世面，他不好意思地偷偷瞄人家。他把那一升的"东方美人茶"喝光了以后才跑了出来，结果腹泻了好多天。到最后他也没弄明白这种茶该怎么喝。

"想要了解一种文化真的是太不容易了。"这位三星员工感慨道。虽然这名三星员工没有彻底弄明白中国的茶文化，但是他对台湾的了解却很深入。他在台湾住了一年，语言关已经过了，对台湾各处的风土人情也多了些了解，到后来当地人居然会把他当成香港人，他觉得自己很有成就感。

他说在台湾没有一个人浪费时间，人们都很能干。十几岁的少女和成年人一样装卸货物，没有怨言；在有200多名工人的中小企业里，管理人员不会超过10人，那种完美的经营体制和身体力行的工作态度非常值得他学习。

一年期满的时候，这名三星员工觉得自己快成半个中国人了，他对以后和十几亿中国人打交道充满信心。当他回到韩国以后，公司照例要进行经验交流，当国内的员工看到他的成绩以后不禁瞠目结舌。一年以前连一句中国话都不会说的他，居然能用中国话滔滔不绝地讲个不停，而且对如何开拓中国市场谈得头头是道，真称得上"地区专家"了。

李秉哲父子的眼界不可谓不宽，三星有这样的"专家"去开拓市场，怎么能不马到成功？

《孙子兵法》大家都知道，可是只有把"兵法"活学活用，才能"百战百胜"。

第四节　问你没商量

> 业精于勤而荒于嬉，行成于思而毁于随。
>
> ——韩愈

不知道有多少企业的领导，为了研究对手的产品而派遣或鼓励下属买对手的产品，反正李健熙是比较喜欢这样做的。

20世纪80年代初期，李健熙还是三星集团的副董事长，公司成立了"三星精密公司"。当时相机领域已经大牌林立，李健熙希望自己的公司能成为其中有竞争能力的一个。他叫来三星精密公司的总经理，经理以为副董事长会问他一些工厂的事情。

"你家里有几台照相机？"李健熙问这位总经理。

"只有一台啊。"这位总经理说道。

"作为一个相机公司的负责人，你就必须下功夫彻底研究各种品牌的照相机，对世界各个品牌相机的性能和结构都要深入研究，要比一般人有更多的了解和认识。"李健熙很严肃地说，弄得这位总经理无地自容。

李健熙对公司主管的业务能力非常重视，他不仅自己身体力行，走到哪里拆到哪里，到美国拆东芝的录放机，到德国拆精密的钟表，他也要求下属做到知己知彼，从经营策略到产品构成，都要做到360度无死角。

一天，大家正在讨论公司其他的问题，谁也没想到李健熙对着三星数字媒体总经理突然发问。

"你了解索尼的家庭影院系统吗？"

"……"三星数字媒体的总经理面对李秉哲的突然提问毫无准备，嗫嚅着说不出话来。

当时家庭影院方兴未艾，索尼公司率先在市场上推出了家庭影院，人们喜欢在家里享受影院效果。索尼对现代消费者的心理捕捉得非常准确，这一次三星还是比索尼慢了一步。因为索尼在电子领域一直是排头兵，在全球是响当当的名牌，所以三星一开始就把索尼定为自己的对手，尽管最初三星只是日本二流企业三洋的代工厂。

"我认为，最大限度地从多角度观察问题可以更加明确其本质。"李健熙总是强调一种认识事物的深入态度。

李健熙认为，企业应该在可能发生根本变化的时期，有一种透过现象看本质的能力。因为他总是处于一种思考的状态，所以他的思维是连贯的，可是到了没有这种习惯的人那里，他的思维可能就是跳跃性的了。其实他问数字媒体总经理那个关于家庭影院的问题时，是由2001年美国"9·11"恐怖袭击事件引发的。他预见到这一事件之后，美国人会减少外出的可能，家庭影院的市场就会扩大。

李健熙认为，只有正确理解事物的本质才算是生活的主人，否则坐在地铁上也不过是被"载着走"，而不是"乘坐"，因为不知道地铁运行原理，所以是被动地存在。他很自负地说，对于研究一个事物的本质他所下的工夫比任何人都多。事实也是如此，他拆开的东西不计其数，而每拆开一样东西，他都要把所有的问题弄清楚，从一个小玩具到一辆汽车都是这样。

沉默的李健熙，不知道什么时候就会问下属一个问题，而这个问题一定是他深思熟虑后想知道的，绝不是心血来潮随口一问。因为在李健熙的观念里，三星不仅要紧跟时代步伐，还要走在时代前面，及时、迅速地掌握市场的动向是超前的前提。

第五节　重新认识自己

> 做出重大发明创造的年轻人，大多是敢于向千年不变的戒规、定律挑战的人，他们做出了大师们认为不可能的事情来，让世人大吃一惊。
>
> ——费尔马

三星在韩国家族企业里，率先采用了人才招聘制，三星也是率先聘用外国人的大公司，这一点对韩国企业影响至深。三星集团也因这种全新的用人观念，为自己注入了新鲜血液，给人们以启示。的确，思想不分国界，改变才能生存。

闪闪发光的三星

1993年,李健熙的"新经营"理念不再像1988年公司创建50周年时那样无人响应。一方面李健熙已经逐渐摆脱了父亲的光环,在他的引领下三星稳步发展,公司的成绩有目共睹,而另一方面商业竞争日益严酷,改革已经势在必行,李健熙稳重中的倔强也日益凸显,所以三星加快了改变的步伐。

1994年,17名三星核心管理人员来到美国加利福尼亚州艺术中心设计学院,他们希望这里就是他们寻觅人才之路的终点。还好,在这里,他们遇到了三星总裁李健熙所要求的那种能扭转三星灵魂的人物:高登·布鲁斯和詹姆斯·美和。他们终于可以回去复命了,这已经是他们寻找人才的第15站了,这些三星核心管理人员不禁松了一口气。

李健熙要求,未来的三星不再是卖廉价品的二流公司,而是超一流的世界品牌。三星公司的效益当年并不好,但李健熙与父亲一样,他明白"百年树人"的道理。所以他不惜花重金聘请人才,彻底为公司换血。

请来了高登·布鲁斯和詹姆斯·美和两位世界顶级设计师以后,三星集团以两人为核心成立了"创新设计实验室"。从此,一场翻天覆地的变革从三星内部展开了,十年之后,这场革命的成果轰动了全世界。

"如果你们要站,那就别想再坐下去。"这是第一天詹姆斯·美和与三星设计师见面时说的话。

来自于西方的设计师,一开始就对传统的东方思想发起了挑战。出于对公司请来的设计师的尊敬,当詹姆斯·美和初次来到三星设计中心时,三星全体人员都从座位上站起来向他行

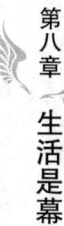

礼。虽然詹姆斯·美和明白这是东方人特有的礼仪，但是他还是很生气地批评了他的年轻学员们，因为这里不是社交场所，他来这里的目的就是改变学员们的观念。

"重点是改变他们的心灵结构！"高登·布鲁斯说。

对设计师来说，最可怕的就是墨守成规。高登·布鲁斯和詹姆斯·美和对三星公司弥漫的守旧气氛印象深刻，老三星人不愿改变的心理和强烈的尊卑等级意识都是设计师的天敌，所以两个人对三星设计师的改变是从灵魂开始的。

三星在"创新实验室"上投注了重金，任由高登·布鲁斯和詹姆斯·美和以自己的方式来培养。每年两个外国教师都带着这些年轻的三星人到国外旅行，每年3次，每次18天。在这18天里，他们漫游世界知名的城市，在这些伟大的城市里，别具一格的建筑、民风、工艺和思想都是他们讨论的对象，而讨论随时随地进行，根本不用准备。最关键的是在出国期间，三星学员不能讲母语，不能用筷子。

高登·布鲁斯和詹姆斯·美和用自己的方式，使三星员工重新认识了自己。"创新设计实验室"的成员们，在"放弃"自己的同时也寻找到了自己，他们在国外接触到了全新的文化，在不能用母语的情况下，他们被激发出潜能。而两位设计师打碎的只是缠住了三星精英的思想锁链，他们在学员们的心里种下的是信心和信念。

一方面高登·布鲁斯和詹姆斯·美和让学员们见识到世界之大，另一方面他们也带领学员到韩国各地旅游。他们让学员努力挖掘韩国文化的精髓，让他们对本国的文化有更为深刻的认识，并产生强烈的民族自豪感。

"全世界最大的市场不在中国，也不在美国，而在人的心灵深处。"高登·布鲁斯与詹姆斯·美和为三星开辟了一个新天地，他们不愧是世界顶尖的设计师。

凡事不能急于求成，尤其是对人的改变，所以当两位设计师认为自己能做的已经做了以后，他们决定离开三星，而把三星人该做的留给了三星。

2004年，三星"创新设计实验室"创造了"创新之王"的神话。截止到2004年，三星共获得了18个由美国工业设计协会和美国《商业周刊》颁发的工业设计界的最高奖IDEA奖，此奖被誉为设计界的奥斯卡，三星还获得26个德国汉诺威工业设计论坛颁发的IF奖，27项由日本工业设计促进组织颁发的优秀设计奖G-Mark奖。这些数字是很多国家举全国之力都未能得到的，而三星一家公司在不到10年的时间里就把这些奖项收入囊中。

三星"创新实验室"的成功说明了两个道理，其一是一个企业要发展，必须解放思想；其二，一个人要突破自己，不仅要解放思想，而且要读懂自己。

三星人从摆脱传统文化的束缚到最后回归本土，证明了东方人的创新能力，这种能力相信你也有。

"如果汽车始终限速在50公里，那么，我们就永远只能设计时速不超过50公里的车子。"

记住高登·布鲁斯和詹姆斯·美和，也记住，你的时速没有极限。

第九章　前事不忘，后事之师

■ 第一节　名誉高于一切

　■ 第二节　创业没有捷径

　　■ 第三节　照章办事不是墨守成规

SAMSUNG

第一节　名誉高于一切

　　　　一切名声都享有一种难以想象的威信，
　　　　而不管名声从何而来。

　　　　　　　　　　　　——巴尔扎克

　　三星公司历史上最大的污点就是1966年的"韩肥事件"，这也是"糖精走私事件"的恶果之一。

　　1965年，出身于乡村的李秉喆发现韩国传统农业领域发展迟缓，很大一部分原因是农用肥料都依赖外国进口的。一直以"实业救国"理念作先导的他，立刻着手创办韩国自己的化肥厂。李秉喆当年已经是很有成就的企业家了，所以他想从根本上解决本国农民的生产问题。他建制糖厂，使本土需要的食糖不再依赖进口；他建毛织厂，使本土衣料不用进口。他的每一个产业都是为了使韩国从依附的地位中摆脱出来，走向自主，这也是三星成为韩国产业、精神支柱的一大原因。

　　三星创建的韩国化肥厂简称"韩肥"，这个化肥厂在当时可以说是世界上规模最大的化肥生产基地，三星为此投入了巨大的人力和物力。1965年，韩国制造业出口总额不过1亿美元，而三星兴建化肥厂单是筹措的外资就多达5000万美元。这是李秉喆自创业以来投资最大也是最为用心的一次，但是这个商界奇才却遭遇了事业滑铁卢，史称"韩肥事件"。

1966年9月中旬，"韩肥"就要竣工投产了，没想到出现了李昌熙"糖精走私事件"。一时之间，媒体铺天盖地的宣传说三星的巨额资产来历不明，举国上下纷纷谴责三星集团，说其作为韩国第一大财阀却公然走私。这件事情的真相至今也没有完全公开，但是却影响到了三星的声誉。为了证明"韩肥"并非靠违法资金兴建，也为了挽回三星的名誉，1967年4月20日刚刚竣工的"韩肥"被李秉喆捐了出去，不久李秉喆辞去了三星集团会长的职务，把事业交给了大儿子李孟熙。

其实"韩肥事件"中李秉喆得到了两个教训。其一是不能与政府走得过近；其二就是要注重外交原则，他不允许任何人做出影响公司声誉的事情。

从后来流传出来的一些资料中可以看出，当初三星兴建"韩肥"是得到过政府支持的，但是政府只是精神支持，而在经济方面并没有具体的体现。而且据说在1961年李秉喆捐出自己的制糖厂和毛织厂以后，李秉喆与朴正熙总统的关系有所缓和，所以当朴正熙总统政权稳定了以后又请李秉喆出山做经济统帅。当李秉喆看到韩国急需发展农业经济时，朴正熙总统非常赞成韩国自己兴办化肥厂。但是当时的韩国政府没有多余的资金投入，就允许商人依靠自己的力量筹措资金，无论是国内的还是国外的。这样，李昌熙就误会了，以为自己可以通过非法的途径来筹集资金，而且当时韩国这种现象并不少见。可是政府偏偏把李昌熙的走私大肆宣传，弄得三星非常被动，最后不得不把太过显眼的韩国化肥厂捐献出去。

从多次的风波中，李秉哲明白与政府的关系不能过近，如果不是与朴正熙总统有过口头上的承诺，李秉哲也不会拿自己大部分身家做赌注去建设化肥厂，最后不仅不能盈利，反而成了国家的罪人。但是韩国政府对经济领域的干预确实很多，谁也不能无视政府的存在，所以三星对政府的态度转为敬而远之，他们希望通过企业内部的合理化经营使企业进入正常运转轨道，这么多年他们一直为此努力。

当然，拔着自己的头发离开地球是谁都做不到的，所以三星集团一方面尽量与政府维持好关系，最大可能做到政经分离，而另一方面在公司内部严格执行社交纪律，公司员工凡是出现有损三星声誉的行为一律严惩不贷。在三星公司没有"惯例"，只有纪律。

在韩国，三星公司员工以廉洁自律而著称，他们处处维护自己公司的正面形象。当然，他们也不会不通人情世故，凡是必要的人际往来，只要合理，都由公司买单。可是如果谁假公济私，一旦被发现就只能接受处分，处分往往比贪占的小便宜多上不知多少倍。

三星员工的坚持原则既有佳话又有笑话，可是三星公司不怕笑话，他们相信自己能创造佳话。

有一次，韩国一家纸业公司以招标的形式购买500台传真机。由于当时传真机市场饱和，所以500台的订单也算是大买卖了，一时之间所有做传真机业务的公司都从四面八方聚到一处。

该纸业公司为了择优购买，特别举行了一场传真机性能

"演示会"，让所有的投标公司展示自己的产品。三星职员对自己公司的产品信心十足，在演示过程中也表现得非常完美，就等着最后签合同了。没想到，最后该纸业公司与一家质量并不突出的公司签了订单，而对高质量的三星置若罔闻。三星职员对这个结果非常吃惊，因为三星电子生产的传真机机种多，型号全，价格档位可选性也非常多，为什么没被选中呢？后来他们找到了原因。

原来，三星公司的职员在三星内部已经习惯了公事公办，工作起来非常简单，不会与别人套近乎聊家常。如果那天派去销售部门的经理还能好些，因为销售部门经理经常对外，很多商场"惯例"他们还是比较清楚的。可是当天，三星为了更好地说明产品的性能，就派了商品企划负责人和市场销售代表。他们去了以后只是按照对方的安排操作演示，根本就不像别的公司销售经理那样围着该纸业公司的购买部长问长问短，最后签约的那家公司还给了纸业公司购买部长一个"红包"。

对于这次失利，三星只是找了原因，并没有批评员工工作不力，因为他们坚持了公司的原则。

当然，对于那些能够灵活处理问题的员工，三星一样不会批评，只要他们能守得住底线。在韩国有一个奇怪的现象，作为韩国第一大公司，三星参与竞争时经常铩羽而归，尤其是在一些地方项目投标和公共设施投标的时候，只因为三星公司在生意场上缺少一些"润滑剂"。但是，刻板的三星人经营的传真机在韩国国内市场的占有率仍是第一，其他很多产品都是这样。

所以"润滑剂"不是万能的，关键是做好你自己。

第二节　创业没有捷径

> 一切幸福都并非没有烦恼，而一切逆境也绝非没有希望。
>
> ——培根

三星看起来人才济济，但是在实际工作中也有很多不成功的案例。在这些惨痛的经历中，三星吸取的是经验，三星要做的是不在同一个地方跌倒两次。

20世纪70年代中后期，中东地区因为液体黄金而成为奢侈豪华的人间天堂。中东人住豪宅，吃美味，穿华服，世界各地的奢侈品流入中东。韩国商社经过多年的努力，终于在1982年敲开了中东的大门，各个企业带着自己的产品冲进了中东市场，希望一开始就有个开门红。

三星公司派出的是三星物产的一位课长，这位课长对中东的文化、习俗和贸易特点都有所了解，所以他对于为三星打开科威特市场的任务很有把握。

凡事都不能想当然，我们做事既不能畏首畏尾，也不能过于自负，这位三星课长就犯了过于自负的毛病。他认为自己对人的了解能力很强，所以在工作中缺乏对细节的斟酌，三星因

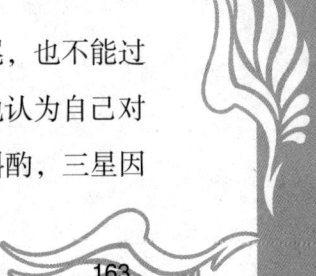

为他的疏忽大意而在科威特跌了一个大跟斗。

　　三星课长的策略是在中东找一位有影响力的家电经销商，他认为这是一条捷径。因为找到一个成熟的经销商，可以快速了解和掌握当地的行情和流通结构，这样就能很快地占领市场。这位课长却忘记了要达到这种效果的前提，是那位经销商一定要可靠，并有对市场的积极开拓意识。

　　有一个专门经营电话机的批发商——阿卜杜拉·阿基兹进入了这位三星课长的视野。阿卜杜拉·阿基兹40多岁，好像与当地上流社会往来密切、关系很好，加上他拥有一家私人商店，所以他拥有得天独厚的条件，在这位课长眼里他正是自己需要的合作伙伴。

　　阿卜杜拉·阿基兹对三星课长的合作提议也很有兴趣，因为他觉得这样的合作对他有益无害。代理三星产品不仅能丰富他经营的品种，而且运气好一些的话或许还能垄断家电市场，所以精明的阿卜杜拉·阿基兹与三星课长签下了合同。

　　其实这份合同一开始就存在问题，因为合同对阿卜杜拉·阿基兹一点约束都没有，而三星课长却把希望都寄托在一位异国的小商人手里，这就不太妙了。

　　果然，最初的时候，阿卜杜拉·阿基兹能遵守合约，把第一批货款按时汇给了韩方，可是当他的销售能力达到极限的时候，他就变得消极起来。阿卜杜拉·阿基兹其实不是一个积极开拓市场的人，他对于市场的变化也缺乏准确的判断能力，看到三星家电并没有出现他预期的销售成果后，他竟然采取了对三星放任自流的做法。

三星课长非常焦急，他去找阿卜杜拉·阿基兹，想改变这个阿拉伯人的经营观念，可是这无疑是异想天开。一年的时间过去了，阿卜杜拉·阿基兹的销售额没有达到合同规定的15%，三星课长眼睁睁地看着竞争对手的代理商每天喜笑颜开。与阿卜杜拉·阿基兹的态度截然相反，对手的代理商以极高的热情推销所代理的产品，甚至不惜牺牲自己原来的生意，而三星的惨淡可想而知。

忧郁的三星课长想方设法地去解决问题，他希望同阿卜杜拉·阿基兹好聚好散，解除合同，可惜这个阿拉伯人当初的优点全然不见了，取而代之的是一种"淡定"。因为经销三星家电，对阿卜杜拉·阿基兹来说不一定能多赚多少钱，但是不赔钱是一定的，而且垄断三星在科威特的销售权本身就是一种巨大的效益。

无论三星课长如何努力，全新的经营手段、真诚的人情牌都用上了，但阿卜杜拉·阿基兹的业绩就是上不去，而且他坚决不肯终止合同。三星课长找到了当地的律师，试图用法律手段来解决，然而因为合同里没有任何约束阿卜杜拉·阿基兹的条款，所以只要阿卜杜拉·阿基兹的商店里还在销售三星电器，即便是他再不配合，也没有违反合同。如果想单方面解除合同，那么三星公司就是违法的，如果强制执行，触犯了当地有关法律，不仅要赔偿给阿卜杜拉·阿基兹巨额损失，三星还要承担刑事责任。

所以，这件事的结果是，阿卜杜拉·阿基兹逍遥自在地代理三星电器在科威特的独家销售权长达5年，而三星失去了在科威特与对手竞争的能力。

这是三星开拓海外市场的一个非常典型的失败案例，也是三星为自己不成熟的海外销售交的一笔巨额学费。那位自以为了解中东的课长，即便当初看错了合作伙伴的品质，但如果能在制定合同时，多些对对方的限制，也不至于弄得这般被动，使得三星只能看着同时进入中东的对手大获全胜。

我们做事情的时候，不能一厢情愿地想到这件事的好处，而是要把最坏的可能都想到，这样才能更好地保护自己。盲目乐观就是自掘陷阱，人们应该做最坏的打算，做最好的行动，而不是相反。

第三节　照章办事不是墨守成规

例外恰恰证明了规章的合理性。

——乔·拜伦

在实际工作中，坚持原则没有错，但是在不违背原则的情况下懂得变通，才更值得学习。

20世纪70年代后期是三星集团的一个低谷，那一时期的三星在各个领域都有失败的教训。当时三星物产有一个课室的职员被称为"袜子代理"，因为他对推销袜子非常在行，在日本为三星出品的袜子打开了市场。不仅他自己推销袜子成功，他还把三星驻日本大阪分店的代理也拉进了推销袜子的行业里，他们两个人联手，三星袜子销售额不断增长。

但是1978年1月，一件麻烦事来了。原来当时特别盛行连裤袜，三星也生产了一大批这样的袜子。就在销售形势一片大好的情况下，"袜子代理"接到日本合作伙伴的电话，原来日本的一家公司把他们告到了法庭，说他们代理的三星袜子侵犯了他们的商标权，结果一大批袜子被扣押在日本的一家仓库里。

不管"袜子代理"如何努力，这批袜子始终被锁在仓库。经过长期交涉，在日本仓库里存放了两年多的价值5000万日元的袜子终于有机会重见天日了。原来三星物产和日本合作伙伴重新签订了合同，合作伙伴支付给三星物产5500万日元，交货之后日方分三次付给三星物产。

正当三星松了一口气的时候，日方又来了电话，对"袜子代理"说他们不能支付这笔货款，理由是"被骗取倒闭"。"被骗取倒闭"就是指支票发行人以被骗为由提出申诉，同时把相当于支票金额的钱款存进银行。"袜子代理"明白日方这样做的目的就是为了不支付支票，他立即打电话给合作伙伴，没想到合作这么久的伙伴却说自己收到的货品合格率太低，给他带来了巨额损失，他已委托商检部门对这批货物进行了质量鉴定，并向三星提出索赔要求。司马昭之心路人皆知，"袜子代理"知道这又是日方不想给钱的一个伎俩。经过双方协商，三星物产和日方合作伙伴初步形成一个意向，通过债券冲减和扣减货款的方式日方少给三星物产1300万日元。尽管损失了

1300万货款，但是能收回余下的货款已经很值得庆幸了。

没想到一波三折，该意向只等着日方合作伙伴到首尔出差就算正式达成协议了，偏偏三星物产做了人员调整，负责这一事务的原主管被调到了别的部门，而新来的主管是一位绝对"照章办事"的人。他认为按照章程，三星是不应该赔偿日方损失的，所以他否定了原来的一切意向。当日方合作伙伴来到首尔的时候，他态度坚决地不肯赔款。日本人感到自己受到了伤害，于是也不肯让步了。"袜子代理"说尽了好话都没有使他回心转意，他一回到日本就申请了破产，三星物业想要回他们的货款就难上加难了。

5000万日元不能白扔啊，1980年3月，三星物产把日方合作伙伴告上了法庭，从此开始了旷日持久的官司。这场官司足足打了十年也没有结果。在日本的土地上告日本人，三星真的是走投无路了。十年间，那个日本人在初审中胜诉，反而追加了索赔的款额，把原来的1300万日元提高到了2100万日元。三星没办法，只能接着上诉，就这样，被"袜子代理"拖上贼船的三星大阪分店和三星物产在日本被折磨得筋疲力尽，却还没完没了。官司打到最后，三星的损失已经远远超过5000万日元了。

这是一场注定失败的官司，在日本那个有着严重的本土保护主义的国家，根本不可能打赢以日本人为被告的官司，而且即便是三星打赢了官司，也得不到一个破了产的商人的钱，大家都明白三星是在为荣誉而战。

这一切本可以不发生，如果当初三星物产的新主管能变通一下，那么三星的损失就绝不会这样大。

第十章　小细节与大成功

SAMSUNG

- 第一节 "第一"与"完美"
- 第二节 谁也没有权利让我消失
- 第三节 把自己变成"生鱼片"
- 第四节 "暴力"管理

SAMSUNG

第一节 "第一"与"完美"

> 坚持意志伟大的事业需要始终不渝的精神。
>
> ——伏尔泰

　　三星公司信奉第一主义和完美主义。其实只有完美才能保证第一，很多在三星工作过的人对"完美"都有深刻的理解。

　　有一年三星电子的电视机厂发生了火灾。当时三星电子的一位经理正在三星研究院进修，接到紧急电话后立刻前往火灾现场。快到厂区的时候他看到浓烟滚滚，工厂的通勤车载满了人向医院方向开去，当时他的心都快跳出来了。后来才知道车上的人是赶去医院为烧伤的工友献血的，在火灾中有两名工人不幸丧生。这位经理到了火灾现场，看到车间顶棚和墙壁已经全部倒塌，大火还没有完全熄灭，消防人员忙着救火，工人们浑身都是汗水和烟尘。

　　45天以后，电视机厂就恢复了生产，这就是三星的效率，然而这不是三星追求的目标。李秉哲先生来到工厂的时候，没有表扬这位经理，反而批评这位经理工作不够细致。这位经理满腹委屈，在他看来不过是厂区环境没有修复平整，一个工厂只要能生产就可以了，为什么求全责备呢？

　　当大家按照会长的意思，把厂区收拾得干干净净、整整齐

齐的时候，这位经理也觉得要比刚恢复生产时好得多，他那时才明白李秉哲的意思。做事情不仅要速度快，还要质量高，这样才能趋于完美。其实这位经理相当能干，所以很快他的职位也升迁了。在工作中，他越发觉得李秉哲先生的"完美主义"不是苛刻，而是一种责任。如果在最初的时候就尽力把事情做得完美，那么日后的工作就会更加顺利，防患于未然永远有用。

第二节　谁也没有权利让我消失

要坚持真理——不论在哪里也不要动摇。

——赫尔岑

　　看电影时你会注意一个背景画面中的广告牌吗？

　　多数人都不会，而在商业领域里一切皆有可能。无所不在的竞争，偏偏会使两个跨国公司为一个只有几秒钟的画面而大打出手，这两个公司就是三星和索尼。

　　蜘蛛侠飞檐走壁，是正义的化身。影片的出品人哥伦比亚公司凭借《蜘蛛侠》大赚特赚，就在这精彩的画面、刺激的声音、正义与邪恶的对决中，三星把《蜘蛛侠》后期电子制作的承办方索尼公司告上了法庭。

　　原来索尼公司有感于三星这个后起之秀的威胁，就想尽一切办法来降低三星的威胁，至少他们不能为三星做免费的宣

传。在影片《蜘蛛侠》中，蜘蛛侠呼啸着飞过美国时代广场，而矗立在时代广场大厦上方醒目的巨型三星广告牌也因此出现了三次，虽然都是一闪即逝，但是索尼绝不可能为三星做免费的广告。他们利用了职务之便，通过技术处理把三星广告变成了"今日美国"。

不仅如此，在电影推广过程中，索尼还把三星电子的广告给替换成了别的品牌的手机广告。三星公司也不是单纯的影音爱好者，他们很快就发现了电影中的商业秘密，他们把索尼公司告上了法庭，并获得了胜诉。索尼公司为自己的小聪明付出了大代价，不仅没能替换成功，最后又让三星借着官司火了一把。所以，经商还要走正道，那些小把戏是不能改变大局面的。

第三节 把自己变成"生鱼片"

> 好花盛开，就该尽先摘，慎莫待美景难再，否则一瞬间，它就要凋零萎谢，落在尘埃。
>
> ——莎士比亚

"在生鱼片最好的时候卖出去。"李健熙手下爱将、三星电子总裁尹钟龙曾经用"生鱼片理论"来形容竞争局面。

闪闪发光的三星

原来，日韩料理中有一道名菜就是生鱼片。生鱼片，顾名思义，就是生着食用的鱼肉。捕捉来的高档鱼，在一流的日本餐厅能卖一个好价钱。如果没卖完，搁置到第二天，这些高档鱼就只能以一半的价格卖到第二流的餐厅，而第二天还没卖出去，这些高档鱼就会流落到不入流的餐厅，而且只能卖到四分之一的价钱，以此类推，当鲜鱼成了干鱼的时候，可能连甩卖都难了，更谈不上"高档"二字。所以，如何把高档鱼卖一个好价钱，关键就在于能否抓住"第一天"这个商机。

再举一个例子，大家都知道，新品上市时价格最贵。以服装为例，大商场的服装都是先于当下一个季节的。北方的寒冬还没走，春品新装已经上市，摆在醒目的位置价格不菲，绝不打折。同一家店铺，再转过来看看，那些秋末上架的冬服已经在角落里大规模促销甩卖了。这就是三星"生鱼片"理论的服装版。

尹钟龙说，三星之所以能成功，是因为他们掌握了"生鱼片"销售规律。他们首先预测到销售热点，在热销产品推向市场的时候，先把产品变成"生鱼片"，也就是通过宣传把"高档鱼"的概念输出，然后在最短的时间内把产品摆上零售柜台，这样就可以抢得先机，在别人还没跟进的时候先卖一个好价钱。所以一方面要有"生鱼片"，另一方面要抢先占领市场。

为了让自己的产品永远是当天的"生鱼片"，三星的策略就是不断创新。

第四节 "暴力"管理

> 人的勇气能承担一切重负；人的耐心能忍受绝大部分痛苦。
>
> ——塞缪尔·约翰逊

很多人对"暴力"这两个字深恶痛绝，但是在某个特殊的时刻，"暴力"也会产生美。

李健熙的魄力是惊人的，他对于新事物的建立是果决的，对旧事物的摧毁也是彻底的。有很多人因为舍不得蝇头小利而损失滚滚财源，这种因小失大的事，真正的商人是不去做的。

1995年，李健熙把投诉量很大的一款产品展示于职工面前，而且让该产品主管领导到场。亲眼观看自己工厂出品的15000部电话被碾碎和焚毁的一幕，这是一件很残酷的事，这位负责人当时就暗下决心，与他的会长一样，再也不生产这样的产品！三星手机的质量检验是最暴力的，用力摔向硬物、汽车碾压都是家常便饭。

中国科健集团与三星曾是合作伙伴，有一年李健熙来到科健视察，给科健老总留下了非常深刻的印象，他说李健熙对手机非常了解，试验非常专业。当时的摔落试验是把手机放到

1.5米高的地方，共有19种姿势，之后再加上铁板，这时用力砸下去，手机还没坏就是合格的。

　　李健熙对三星产品质量的要求几乎到了偏执的程度，对管理也很严格。在合作伙伴的工厂也丝毫不留情面，如果有什么问题解决不了，马上换人。那次视察科健，李健熙发现有一个地方多了一个工位，他对该厂的总经理说："你这里多了一个工位就是浪费我的钱。"于是因为一个多余的工位，那个总经理下岗了。

结　语

　　文无第一，武无第二。世界商战，必须能文能武。"三星"的故事告诉我们，企业精神如同"文"，没有第一，只有优劣；企业成绩如同"武"，没有第二，只有第一。

　　三星从1958年成立，由一个小店面、几个职员变成今天的全球开花，在半个多世纪里三星创造了辉煌的业绩。李秉哲的雄心和对国家的忠诚为三星铺就了一条宽阔的大路，李健熙的果断和对质量的迷恋为三星发展注入了无限生机。

　　从三星集团一路走来的脚印里，我们看到了一个企业奋进的顽强精神，也看到了成功之路上鲜花与荆棘并生，我们能学到的东西有很多，在与日月争辉的"三星"夜空里，我们可以采撷一抹光亮带我们远行。